U0927469

跨国技术联盟的知识共享模式与风险控制

陈 伟 等\著

中国财经出版传媒集团
中国财政经济出版社

图书在版编目（CIP）数据

跨国技术联盟的知识共享模式与风险控制 / 陈伟等著. -- 北京 : 中国财政经济出版社，2020. 10
ISBN 978 - 7 - 5095 - 9915 - 0

Ⅰ. ①跨…　Ⅱ. ①陈…　Ⅲ. ①跨国公司－知识管理－研究　Ⅳ. ①F276. 724

中国版本图书馆 CIP 数据核字（2020）第 128826 号

责任编辑：彭　波　　　　责任印制：史大鹏
封面设计：卜建辰　　　　责任校对：张　凡

中国财政经济出版社 出版
URL：http：//www. cfeph. cn
E - mail：cfeph@ cfeph. cn

社址：北京市海淀区阜成路甲 28 号　邮政编码：100142
营销中心电话：010 - 88191522
天猫网店：中国财政经济出版社旗舰店
网址：https：//zgczjjcbs. tmall. com
北京财经印刷厂印刷　各地新华书店经销
成品尺寸：170mm × 240mm　16 开　10. 25 印张　163 000 字
2020 年 10 月第 1 版　2020 年 10 月北京第 1 次印刷
定价：58. 00 元
ISBN 978 - 7 - 5095 - 9915 - 0
（图书出现印装问题，本社负责调换，电话：010 - 88190548）
本社质量投诉电话：010 - 88190744
打击盗版举报热线：010 - 88191661　QQ：2242791300

基金资助

本书得到以下基金资助：

2019年重庆市社科规划项目（批准号：2019WT57）：供应链视角下重庆制造企业创新生态系统构建及其运行机制研究。

2019年重庆市教育委员会人文社科项目（批准号：19SKGH080）：项目导向型供应链协同创新生态系统的演化机理与稳定性评价。

2019年重庆工商大学企业管理研究中心项目（批准号：KFJJ2019015）：跨国企业本土知识获取的契约机制研究。

前　言

自20世纪80年代，随着经济全球化的不断深入和技术创新的不断进步，参与国际竞争的企业面临的竞争更加剧烈。在此背景下，国际技术领域出现了一种趋势——许多企业特别是跨国企业开始关注到外部资源在技术创新过程中的重要性，纷纷加强了与外部组织的联系，企业与外部组织之间建立了一种合作关系，通过资源共享和优势互补，共同开展技术创新，即跨组织的合作创新。发达国家的大型跨国公司为适应世界市场的复杂性，产品多样性以及不同国家消费者偏好的差异性要求，同时也为了利用世界各国不同的科技资源，降低新产品研制过程中的成本和风险，一改以往在母国进行合作创新的模式，根据不同国家在人才、科技实力以及科研基础设施上的比较优势，纷纷在全球范围内寻找合作伙伴，组建跨国技术联盟，从而推动了合作创新活动日益朝着国际化、全球化方向发展。

基于企业知识管理理论视角，企业技术上的创新实质上就是其知识的创新，跨国技术联盟中的企业共享各不相同而又互为补充的知识资源开展合作创新，成为合作伙伴创造新价值、节约创新成本、深度挖掘利润的一个重要战略。然而，在跨国技术联盟背景下，由于不同的国家、地区和民族拥有不同的文化，不同国家的企业活动同样地具有不同的文化特征。因此，跨国技术联盟知识共享也面临两大关键问题：一是跨国技术联盟知识共享的模式问题。即在不同国家、地区的商务背景下，如何设计这跨国技术联盟知识共享模式能有效促进知识在跨国技术联盟中共享、实现价值增值并最终使参与企业获得利益，成为企业关注的首要问题；二是跨国技术联盟知识共享的风险问题。由于知识通常被认为是一种资源和资产，企业只有占有了知识才能在竞争中处于优势地位，而一旦自身的知识存在被泄露的风险，相应的优势地位就可能会削弱甚至丧失，自身的利益也就会受到损害，由此可见，如何控制跨国技术联盟知识共享的风险是企业关注的第二个关键问题。针对上述两大关键问题，本书以“跨国技术联盟的知识共享模式与风险控制”为题开展相关研究工作，其中每章的具体研究内容如下：

第1章，绪论。本章首先介绍本书的研究背景及研究问题；其次对跨国技术联盟知识共享的相关领域进行了国内外文献综述；最后，给出了本书的研究思路及内容框架。

第2章，概念界定与基本理论。本章主要对本书研究所涉及和使用的相关概念与基本理论进行了界定和梳理，基本概念包括跨国技术联盟、知识、知识共享等，基本理论包括知识管理理论、战略管理理论、委托代理理论等。

第3章，跨国技术联盟知识共享动因、现状及问题分析。本章对于跨国技术联盟内的知识共享的动因和现状进行了分析，通过分析提出了目前跨国技术联盟内企业知识共享存在的问题，并对下文提出的跨国技术联盟知识共享模式进行了总体的构造。

第4章，跨国技术联盟不同层次的知识共享模式。本章根据联盟成员企业在价值链上的地位不同，将跨国技术联盟知识共享活动分为同一价值链层次上的知识共享模式和上下游价值链层次上的知识共享模式，并分别选取了长春威尔和ADLES公司技术联盟、丰田公司供应商技术联盟案例进行分析。

第5章，跨国技术联盟不同范围的知识共享模式。本章根据跨国技术联盟内成员企业参与知识共享的范围不同，将跨国技术联盟知识共享活动分为跨国技术联盟伙伴间的对称型知识共享模式和盟主及其他联盟成员间的非对称型知识共享模式，对两种模式的知识共享活动进行了阐述，并选取了TD-SCDMA技术联盟和沈鼓—西屋AP1000技术联盟进行案例分析。

第6章，跨国技术联盟不同阶段的知识共享模式。本章根据跨国技术联盟发展的不同阶段，将跨国技术联盟分为形成阶段、运作阶段和重构阶段并探讨了不同阶段的知识共享模式，之后选取了普华与福布克联盟案例进行分析。

第7章，跨国技术联盟企业间知识共享的风险分析。本章对跨国技术联盟知识共享存在风险的原因进行了分析，从跨国技术联盟知识共享的关系特性、知识特性以及企业特性三个层面分析了风险的作用机理，并将风险分为主体风险、关系风险以及环境风险三种类型。然后从知识共享主体、知识共享客体、知识共享情境以及知识共享手段四个方面对跨国技术联盟知识共享的具体风险影响因素进行了分析。

第8章，跨国技术联盟知识共享的风险控制模型。本章基于委托代理理论，并结合知识主动转移方的供需情况，建立了需求拉动型和供给推动型的跨国技术联盟知识共享模型，并对比分析了两个模型的差异，从而得到跨国技术联盟知识共享的风险控制要点。

第9章，基于生命周期理论的风险控制策略研究。本章根据上一章模型得出的风险控制点并结合生命周期理论，在联盟组建、联盟运行、技术投入与利益分配、联盟解体四个阶段中，分别从企业、社会、政府三个角度提出了跨国技术联盟知识共享的风险控制策略并建立起完整的风险控制机制策略。

第10章，结论与展望。本章总结全书研究内容，并对后续研究进行展望。

本书写作分工如下：陈伟负责整本书的总体构思、第1章、第2章、第3章和第10章的撰写以及所有章节的修改和统稿等工作；李晴负责第4章、第5章、第6章的撰写；王琪负责第7章、第8章、第9章的撰写，并协助统稿。

本书的研究工作得到重庆工商大学工商管理一级学科方向团队“企业发展战略研究团队”、重庆市重点人文社科研究基地“企业管理研究中心”、重庆市巴渝青年学者人才项目的资助；本书的撰写和出版得到重庆工商大学工商管理学院、中国财政经济出版社的大力支持，在此一并表示衷心的感谢。

此外，本书在研究、写作过程中参考了大量文献，由于篇幅限制，不能一一罗列，这里特向未被罗列的作者表示歉意，并向所有的作者表示诚挚的谢意。

由于时间仓促及作者水平有限，本书错误之处在所难免，敬望读者批评指正。

陈　伟

2020年6月

目　录

第1章 绪　　论

1.1　研究背景及问题提出

无论是一个人的发展，还是一个企业的成长，乃至一个区域的崛起，都需要顺应时代发展的潮流。目前世界上最大的趋势就是全球化从制造业全球化转变为合作创新全球化。自 20 世纪 80 年代以来，随着社会分工的不断细化以及知识的日益复杂化和综合化，国际技术领域就出现了一种趋势，许多企业开始关注组织外部资源在技术创新过程中的重要性，纷纷加强了与外部组织的联系。企业与外部组织之间建立了一种合作关系，通过资源共享和优势互补，共同实现技术创新，即跨组织合作创新。而经济全球化和世界市场同质化趋势的发展，使生产同类产品的企业将在同一个世界市场上展开激烈的竞争。在这种情况下，企业竞争的着眼点是争取在世界市场上取得更大的市场份额。因此，发达国家的大型跨国公司为适应世界市场的复杂性，产品多样性以及不同国家消费者偏好的差异性要求，同时也为了利用世界各国不同的科技资源，降低新产品研制过程中的成本和风险，一改以往在母国进行合作创新的模式，根据不同国家在人才、科技实力以及科研基础设施上的比较优势，纷纷在全球范围内寻找合作伙伴，组建跨国技术联盟，从而推动了合作创新活动日益朝着国际化，全球化方向发展。

基于企业知识管理理论视角，企业技术上的创新实质上就是其知识的创新，跨国技术联盟中的企业共享各不相同而又互为补充的知识资源开展合作创新，成为合作伙伴创造新价值、节约创新成本、深度挖掘利润的一个重要战略。然而，在跨国技术联盟背景下，由于不同的国家、地区、民族拥有不同的文化，不同国家的企业活动同样具有不同的文化特征。因此，跨国技术联盟知识共享也面临两大关键问题：一是跨国技术联盟知识共享的模式问题，即在不同国家、地区的商务背景下，如何设计这跨国技术联盟知识共享模式能有效促进知识在跨国技术联盟中共享、实现价值增值并最终使参与企业获得利益是企业关注的首要问题；二是跨国技术联盟知识共享的风险问题，由于知识通常被认为是一种资源和资产，企业只有占有了知识才能在竞争中处于优势地位，而一旦自身的知识存在被泄露的风险，相应的优势地位就可能会削弱甚至丧失，自身的利益也就会受到损害，由此可见，如何控制跨国技术联盟知识共享的风险是企业关注的第二个关键问题。

基于此，本书提出研究“跨国技术联盟的知识共享模式与风险控制”，拟解决上述两大关键问题，其中跨国技术联盟的知识共享模式研究旨在考虑跨国技术联盟中成员企业知识共享的层次和知识共享的范围探索跨国技术联盟中跨组织知识共享模式，跨国技术联盟知识共享的风险控制研究旨在建立跨国技术联盟中跨组织知识共享的风险控制模型，并据此提出风险控制策略，研究成果以期为跨国技术联盟中成员企业参与知识共享提供决策依据。

1.2 国内外研究现状评述

1.2.1 技术联盟研究

技术联盟是指各方合作企业围绕技术创新的战略联盟，因此又称为战略技术联盟。最早的战略联盟定义是简·霍普兰德（J. Hopland）和管理学家罗杰·奈格尔（R. Nigel）提出的。Bedaraeeo（1991）根据联盟的不同环节将战略联盟细分为生产联盟以及技术联盟。生产联盟是指以生产链和供应链的成本降至最低为目的的战略联盟，技术联盟是指以知识技术创新为目的的战略联盟。在如今的知识经济时代，技术联盟已逐步成为战略联盟的主要形式，激烈的市场竞争使得企业界也纷纷开展技术联盟，在合作共赢的同时提升企业技术水平，从而挖掘更大的市场。最初的技术联盟是国内企业间的合作。随着世界经济一体化以及改革开放力度的加大，国内企业面临的已经是国际市场，仅是国内企业间的合作已无法支撑国际市场上的地位，因此跨国技术联盟应运而生，国内外学术界也纷纷展开对跨国技术联盟的研究。

通过文献分析发现，国内跨国技术联盟的研究主要集中于三大主题：为什么开展跨国技术联盟、如何开展跨国技术联盟以及如何开展跨国技术联盟治理。基于以上，本文接下来将从技术联盟的概念、动因、模式途径以及治理这四个方面对文献进行梳理。

截至 2019 年 12 月，利用英文关键词“Technology Alliance”以及“Strategy Alliance”在英文数据库 Elsevier SDOL，EBSCO 和 JSTOR 中检索到关于技术联盟的外文文献 109 篇（已筛减掉与本文研究主题跨国技术联盟相关度不高的文献）；利用中文关键词“技术联盟”或“战略联盟”在中文数据库知网、维普和万方检索工具中进行检索 CSSCI 以及核心期刊。总计检索到 227 篇文献（已筛减掉与本文研究主题跨国技术联盟相关度不高的文献），然后对检索到的技术（战略）联盟的国内外文献进行统一的归纳、整理，如表 1－1 所示。

表 1－1　　技术（战略）联盟研究内容的分布情况

分类目录	中文	外文	合计	占比（%）
基本概念与理论	28	21	49	14
动因	23	11	34	10
模式途径	47	16	63	19
治理	93	44	137	41
现状对策及其他	36	17	53	16
合计	227	109	336	100

如表 1－1 所示，有关技术（战略）联盟基本概念与理论的文献共有 49 篇，其中中文文献有 28 篇，外文文献有 21 篇；有关技术（战略）联盟动因的文献共有 34 篇，其中中文文献有 23 篇，外文文献有 11 篇；有关技术（战略）联盟模式与途径的文献共有 63 篇，其中中文文献有 47 篇，外文文献有 16 篇；有关技术（战略）联盟治理的文献共有 137 篇，其中中文文献有 93 篇，外文文献有 44 篇；有关技术（战略）联盟现状对策及其他的文献共有 53 篇，其中中文文献有 36 篇，外文文献有 17 篇。

此外，根据表 1－1 还可以发现，国内关于技术（战略）联盟的研究内容更多地表现在技术（战略）联盟的治理方面，因此，技术（战略）联盟的治理是跨国技术（战略）联盟的热点研究问题。

（1）关于技术联盟内涵界定的研究。

关于战略联盟，第一个从经济学的角度定义战略联盟的学者是 Porter（1986），他指出战略联盟是一种超过了市场的正常交易，但尚未到达合并程度的合作方式。Contractor（1988）指出战略联盟关系是从事同一行业的公司间的联合行动。Sierra（1995）指出战略联盟的企业间不仅仅是合作关系，同时也是竞争关系，并指出这是竞争公司之间的共赢互利关系。关于技术联盟，Teece（1992）认为这是两个或及其以上的企业，通过分享各自的技术资源，从而实现技术更新及创新的目标。Gulati（1998）将技术联盟定义为企业自发开展的横向或纵向的合作项目，是企业合作到达一定程度后必然的合作模式。Gamal（2001）认为技术联盟是合作伙伴为了实现相同或相似的目标达成统一的协议，建立良好的合作创新关系。

国内方面，钟书华（1998）提出的技术联盟，他从合作对象、合作内容、合作目标三个维度给出了定义，其中合作对象是独立的经济组织，合作内容是包括知识在内的各项资源，合作目标是互利共赢；除此之外，他还将技术联盟分为四大类型：企业—企业、企业—科研机构、企业—大学、企业—政府。张睿（2009）对于技术联盟的定义涉及了联盟成立者的性质，他认为联盟的成员都是独立法人，在法律上具有一定的地位，而成员合作创新的目标就是技术创新，通过与其他独立的法人组织合作以获得自己所需要的资源或者形成互补的局面，为了在竞争激烈的市场上占领一席之地。吴松强等（2017）将产业技术创新联盟概括为：相同或是相似产业中两个及两个以上的独立组织机构出于竞争的需要，进行合作创新以获得更多的知识资源将其投入生产经营活动中去。姚静宜（2017）认为技术联盟是指两个或两个以上的具有独立法人地位的组织，包括政府、企业、高校事业单位等出于竞争的需要，通过知识转移（获取、整合、创造等）活动来实现某一特定技术创新战略目标而建立起来的技术合作与交流组织关系，并且发生具有互补性的知识或产品研发的行为。

（2）关于技术联盟动因的研究。

国内外学者针对跨国技术联盟动因相关研究的视角主要集中于交易费用理论、资源基础理论（组织学习理论）等，在此基础上进一步研究了跨国技术联盟效应，进而验证相应理论基础。

交易费用理论诞生于 1937 年，由著名的罗纳德科斯提出。科斯认为企业的出现是因为其交易成本低于市场。同样地，企业内不同组织的出现也是因为组织的交易成本低于整个企业。Ring（1996）在如何降低企业学习成本概念的问题上提出，企业合作联盟可以有效降低学习成本。Gulati 和 Singh（1998）基于战略联盟指出，影响企业建立技术合作的原因之一就是合作成本。国内学者钟书华（2000）认为经济全球化极大地降低了企业之间合作开发的交易费用，导致“边际组织费用＝边际交易费用”均衡点的向内移动，越来越多的企业倾向于选择外部拓展的技术联盟合作形式。

伴随着 Wernerfelt 所著《企业的资源基础理论》的诞生，资源基础理论也随之进入学术视野。Wernerfelt 认为各个企业都拥有相比于其他企业更优秀的资源，这些优秀资源就成了企业的核心竞争力。Kathleen（1996）提出通过联盟的途径组合起不同企业的互补性资源。企业通过技术联盟创新，促进核心能力相互融合，从而提升自身竞争力与企业绩效。基于 Bedaracco（1991）对技术联盟的知识性本质的揭示，更多学者倾向于将战略技术联盟视为一种知识资源的联盟。因此 Kogut（1988）的组织学习理论也被纳入资源基础理论的范畴。Elias（2000）通过对大学，联邦实验室，州和地方经济发展机构，孵化中心，技术园区，风险投资基金，NASA 区域技术转让中心等机构的调研，发现技术联盟可以为这些机构带来利益与资源。

（3）关于技术联盟模式与途径的研究。

国内外关于术联盟模式与途径的研究主要集中于以下两个方面：第一，技术联盟的模式发展；第二，技术联盟的合作伙伴选择。

关于技术联盟的模式，可以从多个角度探讨并划分。例如国外学者 Peng 等（1993）从合作对象的角度出发，包括用户、供应商、竞争对手、兄弟企业、非企业组织（政府）等，将技术联盟划分成了五大类别。Miller 和 Shamsie（1996）从公司的产权角度出发定义技术联盟的两种形式：股权式联盟以及契约式联盟，其差异在于企业参与度的不同，这也是近年来被广泛运用于跨国技术联盟研究中的模式分类方式。国内学者钟书华（1998）从两个不同的角度出发对联盟进行了划分。其中围绕核心价值位置，将联盟划分为前端、后端以及同位联盟。围绕核心企业，将联盟划分为企业—科研机构、企业—大学以及企业—政府机构三大形式。

关于技术联盟合作伙伴选择，Drejer（2005）讨论了合作伙伴间的信任、承诺对合作的影响，并在此基础上提出若缺乏有效的协调机制，合作伙伴关系易破裂。国内学者喻金田、胡春华（2015）提出企业的选择联盟伙伴时首要考虑的是联盟合作伙伴会给绩效带来怎样的影响，以及如何处理联盟伙伴与自己的合作竞争关系。赵映雪（2016）从企业与合作伙伴间的协同创新研发活动、协同创新资源配置和协同创新平台管理三个方面，实证研究了技术联盟合作伙伴选择对协同创新行为的正向影响。

（4）关于技术联盟治理的研究。

关于技术联盟治理研究，国内外研究主要集中于以下三个方面。第一，技术联盟的绩效研究；第二，技术联盟的文化差异研究；第三，技术联盟的利益分配方式研究。

关于技术联盟的创新绩效研究，国外学者 Jehn（1997）描述了当企业间存在关系冲突时，便会影响互相的信任度、降低联盟的合作意向，进而削弱凝聚力，最终降低联盟企业双方的绩效；Rindfleisch 和 Moorman（2001）指明如果联盟企业间关于合作对象的相关知识重合越多，那么企业间的信息更容易进行传递，从而促进企业创新绩效的提升。Nieto 等（2008）关注于企业的创新努力实现层面，通过实证分析发现一个企业为创新进行的努力受到企业知识吸收能力的显著正向影响。国内当前对跨国技术联盟绩效的研究部分采用了实证与案例的研究方法：王迎博（2012）、卢艳秋等（2014）、郭美轩（2014）、彭华涛（2017）结合实证和案例研究分析了跨国技术联盟所持有的特征、企业的学习模仿能力、认知的重叠以及技术创新能力对联盟合作创新绩效的影响。也有一部分采用了理论研究方法：卢艳秋等（2010）、叶娇等（2011）、周清等（2016）、吴松强等（2017）分别构建了跨国技术联盟创新网络、文化差异、联盟冲突的不同类型、知识属性影响合作创新绩效的概念模型。

关于技术联盟的文化差异研究，国外学术界对于文化差异的研究包括企业文化差异研究以及民族文化差异研究。关于民族文化差异，Hong 等（2006）调查了中国境内的一些日资以及中日合资企业，发现国家文化限制了员工的企业适应能力。Sayed（2005）发现在企业合作初期，国家之间的文化差异起主导作用，会直接影响企业员工的交流以及信息的传递。而到了企业合作中期或者后期，企业之间的企业文化差异发挥关键性作用，直接影响到信息的整合以及创新。Buckley 等（2006）进一步研究了中国文化“关系和面子”对知识转移的影响；关于企业文化差异，Lin 等（2001）通过对台湾制造业的研究，探究发现由于企业文化差异的影响，联盟企业间技术的改进程度与表现形式受到了极大的影响，而这两大因素直接作用于企业间的技术转移，因此间接表明企业文化差异影响了技术转移的进度。Tariq（2013）

指出国际伙伴之间存在文化距离时，学习联盟往往会更长。国内学术界对于文化差异研究大部分是基于企业文化层面的理论研究，实证研究较少。凌丹（2006）、吴先华等（2007）、王菲（2015）、李婧喆（2015）从文化作用机理、文化对绩效影响、文化管理三个角度出发，探讨企业文化差异导致企业文化冲突的产生及形成的内在机理，同时探究认知距离对企业创新绩效的影响提出假设，推理证明认知距离对公司的创新绩效的影响是一个倒“U”形的关系，最终从协同的角度系统提出技术联盟中文化冲突管理的策略。

关于技术联盟的利益分配方式研究，现有文献中技术联盟利益分配方式的研究主要以 Nash 谈判模型、Shapley 值模型以及博弈论为主。国外学者 Nash（1950）最早试图通过博弈理论来解决联盟合作企业之间的利益分配问题。Farok（2015）指出在谈判联盟结构时，各方所拥有的讨价还价能力会影响每个合作伙伴在整体联盟利益中所占的份额。Megan（2016）提出了多利益相关方联盟可以促进联盟。国内学者生延超（2009）对夏普利值法进行了修正，从而建立了针对技术联盟的利益分配模式。熊成扬（2016）以技术联盟中的主导者为中心，提出相应的利益分配原则，同时结合 Nash 谈判模型以及 Shapley 值模型提出了两阶段利益分配模型，并用核电防火材料技术联盟的案例分析了利益分配方法的可行性。

1.2.2 跨国技术联盟研究

关于跨国技术联盟研究主要集中于以下三个方面：

（1）关于跨国技术联盟基本理论的研究。

研究主要集中在跨国技术联盟组织模式、战略及联盟选择等方面。例如：王晓靖（2003）针对企业开展技术联盟可以通过多种组织模式来实现，不同的组织模式之间存在什么样的差距，什么样的组织模式对企业而言是行之有效的，影响组织模式选择的因素都有哪些，它们之间又存在着一种什么样的关系等一系列问题，以与跨国公司开展技术联盟项目的高新技术企业为研究对象，通过实证调研的方式分析解释跨国技术联盟组织模式选择的内部作用机制；廖正鹏（2017）认为当今世界国际竞争日益激烈，单一的企业组织结构在面临科学技术快速发展的时代，个体组织的资源、信息和研发能力都不足以应对外部环境的变化，在此类情况之下，组织间构建资源和信息共享的跨组织边界、跨地域的战略联盟成为企业之间的重要战略，跨国技术联盟不仅能够帮助解决单一企业在开发应用新技术的资源和能力方面的不足，更能方便不同文化背景下知识的传播与共享，在此基础上对什么是战略联盟、什么是跨国技术战略联盟以及它的理论基础和效应方面进行了理论研究。

（2）关于跨国技术联盟合作创新效应的研究。

研究主要集中在跨国技术联盟创新网络、社会资本、组织学习等对合作创新绩效的影响。例如：卢艳秋和张公一（2010）从网络中心度、网络量度、关系属性3个维度描述了跨国技术联盟创新网络，以政府作用为调节因素，构建了跨国技术联盟创新网络对合作创新绩效影响的概念模型，并以通信行业和汽车行业为研究对象进行了实证分析，研究结果显示，跨国技术联盟通过创新网络推动合作创新的绩效，政府对网络量度、关系属性与合作创新绩效之间关系具有正向调节作用，而对网络中心度与合作创新绩效之间关系的调节作用不明显。张公一和卢艳秋（2011）从结构资本、关系资本、认知资本、位置资本四个维度描述了跨国技术联盟社会资本，以跨国技术联盟组织学习为中介因素，构建了跨国技术联盟社会资本对合作创新绩效影响机理的概念模型，并以通信行业和汽车行业为研究对象进行了实证研究，研究结果显示，跨国技术联盟通过社会资本推动合作创新绩效，组织学习在跨国技术联盟社会资本正向作用于合作创新绩效过程中起到明显中介作用。王迎博（2012）分析了跨国技术联盟的基本现状、组织间的学习能力对于创新绩效的影响、并深入分析了跨国技术联盟中对于组织间学习能力影响因子，并以默克雪兰诺药业集团为基本的研究对象，通过对默克雪兰诺药业集团在跨国技术联盟中组织间学习能力的分析，提出了构建药业行业中生物企业跨国技术联盟组织间学习能力的基本模型，并对模型的构建及其可行性进行了相关的设计及验证，在此基础之上，提出了基于跨国技术联盟各个企业组织间学习能力与企业产品创新绩效的概念模型。郭美轩（2014）从跨国技术联盟成员企业的嵌合性、联盟成员企业的相似性、联盟成员企业的互动性三个层面分析了跨国技术联盟特征，从知识获取、知识整合、知识利用三个维度分析了跨国技术联盟组织学习，在此基础上详细分析了要素之间的相互影响，并构建理论模型，并以问卷形式收集数据并使用统计软件LISREL8.80和SPSS21进行了数据处理和实证检验，得出了跨国技术联盟特征通过组织学习影响联盟合作绩效的结构方程模型及相关路径系数。

（3）关于跨国技术联盟知识管理的研究。

关于跨国技术联盟知识管理方面的研究目前还比较缺乏，现有研究主要有：叶娇和原毅军（2011）从文化差异的角度分析了跨国技术联盟知识接收方学习动力、吸收能力以及内部知识转移机制对知识转移绩效的影响，并根据文献梳理提出了两个假设，用数学方法进行推理证明，跨国技术联盟组织内部的文化差异，可以作为促进联盟组建的资源或动力，在联盟组建之后也是促进联盟知识转移的有利因素。叶娇等（2012）分析了文化差异对跨国技术联盟内部知识转移的正负两方面影响，运用系统动力学的方法分析跨国技术联盟知识转移的因果关系，并构建了系统动力学模型，通过使用 Vensim PLE 软件实现了系统仿真，验证了文化差异对知识转移效果影响的灵敏性，较好地拟合实际中文化差异视角下的知识转移过程，能较好拟合文化差异对跨国组织知识转移量的倒“U”形影响，能为相似的知识转移过程提供有效的决策支持。卢燕秋等（2014）提出了跨国技术联盟知识整合的理论模型，探讨了跨国技术联盟知识整合通过联盟组织学习对联盟合作创新绩效的影响，并通过实证分析证明，跨国技术联盟知识整合对联盟组织学习有正影响，联盟组织学习对合作创新绩效有正影响，知识整合对联盟合作创新绩效有正影响。卢艳秋和郭美轩（2014）在对跨国技术联盟和组织学习的相关文献进行了系统总结基础上，提出了影响跨国技术联盟知识流动创新的组织学习四个关键环节并建立理论模型，揭示了知识流动在跨国技术联盟范围内的实现方式，并通过问卷调查，对理论模型的假设进行实证检验，研究结果表明跨国技术联盟组织学习是以知识的共享为基础经过知识的转移吸收、知识的整合，最终达到知识高效利用并将产生的新知识再次进行共享的循环过程。

1.2.3 跨组织知识管理研究

近代管理学大师彼得·德鲁克最早提出了知识社会和知识管理的概念。美国得克萨斯州立大学奥斯丁分校商学院教授 Davenport 与 Prusak 在 1998 年合著的《营运知识》（*Working Knowledge*）一书，把企业知识管理的研究和应用推上了一个新台阶。自此，知识管理这一思想在国内外引起了强烈反响，学术界纷纷开展知识管理的研究，企业界也在积极地进行知识管理的实践。最早关于知识管理的研究主要集中在企业（组织）内部，如研究企业内部员工知识的共享与转移、知识库的建立以及知识创新等。随着知识管理研究的深入，跨越企业（组织）的知识管理问题也逐渐开始受到学者们的关注。跨组织知识管理的研究主要集中在以下两个方面：

（1）关于供应链知识管理的研究。

在供应链中，位于不同节点的成员企业所拥有的知识资源是各不相同而又互为补充的。例如，供应商一般对其所提供产品的性能、制造与使用等方面的知识有比较全面和深入的了解，但对该产品在使用过程中存在哪些缺点以及要在哪些方面进行改进等方面的知识则掌握得比较少，而制造商又往往不能完整地拥有供应商所提供产品尤其是专用设备的使用与维修方面的知识。每一个企业都有其核心知识和优势知识，有一些知识对其拥有者来说，是价值不高的非核心知识，但对其他企业来说，却恰恰是“价值连城”的核心知识。由这些异质而又互补的知识资源聚合而成的“供应链知识库”显然要比供应链中的任何一个成员企业所拥有的知识都更加丰富。可见，对于供应链中的任何一个企业来说，供应链都是一个蕴藏着丰富知识资源的“知识源”。知识的共享与传播有利于提高整个供应链的知识水平，从而提高供应链的整体竞争优势。因此，关于供应链企业间知识管理问题的研究近年来也引起学术界与企业界的高度重视，具体分以下三个方面。

第一，供应链知识共享与转移的实证与案例研究。

Crone 和 Roper（2001）对跨国公司向北爱尔兰的本地供应商进行知识转移的情况进行了实证研究，发现强联系的供应链比弱联系的供应链转移情况好，应有一些政策干预和激励机制来加强跨国公司向本地供应商的知识转移。Kim（2002）认为供应链企业间的知识共享是企业建立长期稳定合作关系的基础，并且通过对一个汽车制造企业的调查研究，提出电子供应链是实现供应链企业间知识共享的有效途径，指出各节点企业的知识共享态度和行为是把供应链网络从单纯的数据交换网络转换为知识共享网络的重要因素。Shaw 等（2003）把一个汽车制造企业的供应链为作为分析对象，提出供应链中知识共享的内容应该以显性知识为主，包括显性技术、协作计划和预测等，同时含有少量的隐性知识，如对内部政策的理解和员工技巧等。Dundas 等（2005）对跨国公司在爱尔兰南、北地区的本地供应链中的 200 多个高级管理人员以面对面的方式进行了访谈，收集了有关知识转移的数据，并对爱尔兰南、北地区的知识转移情况进行了对比分析。Wagner（2005）收集了 182 个企业知识共享活动的各项数据，并进行了统计和分析，得出结论：供应链企业间的沟通频率影响企业间的知识共享水平，知识的隐性化程度影响企业同相邻伙伴企业知识共享的满意度。Cheng 等（2008）运用结构方程模型（SEM）结合台湾 233 家绿色制造企业的调查数据研究了信任对跨企业知识共享的影响。Wang等（2008）运用基于案例的推理方法对供应链企业间的知识共享进行了研究，研究指出供应链成员企业间通过知识共享（战略知识及运作知识）及互相学习有利于提高供应链伙伴的竞争优势。Li和Hsieh（2009）以152家中国大陆及台湾的企业为研究样本，运用多元回归模型分析了知识黏性（knowledge stickiness）对供应链企业间知识转移绩效的影响，其中知识转移绩效从创新及满意度两个角度进行评价。Wang等（2012）引入创新作为中介变量，分析了供应链企业间知识共享与企业绩效之间的关系，其中创新以创新速度和创新质量来衡量，知识共享通过显性知识共享与隐性知识共享来衡量，企业绩效主要包括运营绩效和财务绩效。Cheng和Fu（2013）利用312家台湾制造企业的数据实证研究了制度导向、关系导向、关系风险对供应链企业间知识共享的影响。在国内关于供应链知识共享与转移的实证与案例研究包括以下几个方面：知识共享与转移对供应链绩效的影响（包括合作绩效、创新绩效、供应链绩效等）（李随成和杨婷，2009；林焜和彭灿，2010；周荣虎，2013；胡汉辉和吉敏，2014；何明海和冯长利，2015；赵先德和刘学元，2016）、知识共享与转移影响因素实证研究（薛佳奇和刘益，2008；张旭梅等，2009；刘涛和徐永红，2013；李纲，2014；张莉，2015；徐升华和徐生菊，2015）。

第二，供应链知识共享与转移的相关理论研究。

Grewal和Haugstetter（2007）以海运业供应链为背景，从理论上分析了供应链中的知识共享与转移网络，同时对知识学习等问题也进行了研究。Mee-Shew和Myers（2008），Myers和Mee-Shew（2008）分析并提出了全球供应链中知识共享的重要性，在此基础上对如何管理全球供应链的知识共享网络问题进行了深入研究。Paton和Mclaughlin（2008）分析并提出了服务科学及创新的重要意义，在此基础上研究了复杂供应链中跨企业知识转移对服务创新的影响作用。Kovacs和Spens（2010）以救灾的应急供应链作为研究背景，从理论上分析了应急供应链的知识获取、知识共享与转移、知识学习及知识应用的问题。Qile等（2011）分析了知识转移对供应链伙伴关系的促进作用，并建立了相关的理论模型，最后以电脑制造供应链为例对上述理论模型进行了说明及验证。在国内关于供应链知识共享与转移的理论研究包括以下几个方面：知识共享与转移存在的问题及对策（安小风等，2007；安小风等，2008；赵洪岩，杜丹丽和何扬；2015；陈伟和林川，2016；兰鹰等，2016）、知识共享与转移的合约机制（安小风等，2009）、知识共享与转移的意义及相关基础理论（刘南和李玉民，2003；柳登，2005；朱庆和张旭梅，2005；吴洁等，2006；王娟茹和赵嵩正，2007；吴成锋和张庆普，2007；徐恒和赵嵩正，2007；陈建军，2009；胡继灵等，2008；王道平等，2008；赵会霞等，2008；翁莉等，2009；邢文凤和严建援，2009；吴冰等，2008；吴成锋等，2010；曾德明等，2010；徐升华和徐生菊，2013）、知识共享与转移的博弈及决策分析（陈建新等；2009；覃艳华和曹细玉，2006；翁莉等，2008；翁莉等，2009；刘纳新和伍中信，2015；程钧谟等，2016）、知识共享的风险及策略（齐源和赵晓康，2010）。

第三，供应链知识共享与转移的信息系统研究。

Wadhwa 和 Saxena（2006、2007）、Saxena 和 Wadhwa（2009）提出供应链柔性对其绩效和战略具有重要的影响，通过建立供应链企业间的知识共享系统有利于供应链企业间的无缝对接，能进一步提高供应链柔性。Huang 和 Lin（2010）研究了供应链企业间进行知识共享与转移的平台问题，提出了基于语义网的知识共享系统以解决供应链跨企业知识共享与转移的平台问题。在国内，张成洪和马国强（2007）把语义网技术引入协同供应链中的知识共享，提出了一种在语法和语义两个层面解决供应链中跨组织知识共享障碍的方案，并对其中的关键技术，包括统一的知识表示形式、分散知识查询整合技术以及基于本体的知识语义整合作了研究，最后通过试验说明了供应链环境下知识共享整合的过程及其有效性。

由于本书将知识市场和知识交易的思想引入了供应链企业间知识共享与转移活动中，即本书第 5 章的研究内容。因此，在下一小节中将对供应链企业间知识市场及交易的文献进行综述，在这一小节中就不再对许有志等（2008）、张慧涛和张旭梅（2007）、张敏和王道平（2010）、张旭梅等（2006、2008）、张玉蓉等（2009）等涉及供应链企业间知识市场和交易的文献进行分析综述。

（2）供应链企业间知识市场与交易研究综述。

Davenport 与 Prusak 在合著的《Working Knowledge》（1998）一书中首次提出了企业内部知识市场的概念，认为企业内部的知识流动很大程度上是在市场的作用下进行的，在企业内部存在一个“知识市场”，这个市场与有形商品的市场一样，也存在知识的买方和卖方，知识交易的市场机制象作用于有形商品一样推动着企业内部知识市场的运行。

之后国外有部分文献开始对企业内部的知识市场及知识交易问题进行研

究。Ba 等（2001）分析了知识作为公共品在组织中的交易特性，并运用拍卖理论建立了知识投资优化数学模型；美国伊利诺伊州大学信息管理学教授 Desouza 是 Davenport 教授“知识市场”的主要支持者，发表了多篇有关企业内部知识市场的文献（2003～2005），认为企业内部知识市场是解决知识管理技术问题和社会问题的理想平台，对企业内部知识市场的构成、建立知识市场需要克服的因素进行了比较深入的研究，并进行了相关案例研究，用数学模型证明了价格机制在知识管理中所起的关键作用；Matson 等（2003）分析了知识市场的作用机制和可能造成知识市场失灵的因素，并对如何使知识市场可行等问题进行了研究；Brydon 和 Vining（2006）对知识商品进行了分类，并对影响内部知识市场管理效果的因素进行了分析，提出了七种应对措施。

企业内部知识市场及知识交易问题的研究也引起了国内学者的关注。如应力和钱省三（2001）将企业内部的知识交易划分为管理不参与交易、管理直接交易和管理参与交易三种方式，并运用 Holstrom 和 Milgrom 委托代理模型对三种交易方式进行了分析；郭强（2002）对企业内部知识市场的主体构成、价格系统、知识市场信号及失灵要素等问题进行了研究；戴俊和盛昭瀚（2004）在应力（2001）的研究基础上，引入知识交易意愿度的概念，构建了需求拉动式和供给推动式的两种知识交易模型并对两种模型进行了比较；唐炎华和石金涛（2005）对企业内部知识市场的主体构成、价格系统、市场信号进行了描述，建立了交易优化模型，对企业内部知识市场交易的影响因素进行了研究；陈搏和张喜征（2006）通过建立组织内部的知识市场交易博弈模型分析得出：掌握知识的员工只有在对价交换的条件下才愿意长期供应知识，组织是内部知识交易的最大受益者，组织应该作为第三方对知识供应者进行支付；吴泗宗（2006）重点研究了企业内部知识市场的知识产品、价格体系、市场参与者和运营平台等四大要素，并对导师制度、知识社区等知识市场制度对于知识转移的促进作用进行了比较；乔梅和王颖（2009）以市场机制为视角，构建了第三方知识市场模式，提出通过知识市场的督导与协调，可以促进知识的正向传递，从而提升企业知识利用效率与创新水平；王兆玲和崔凯峰（2009）针对管理咨询公司的特点区分了管理咨询公司中的三种知识类型，详细探讨在企业内部知识市场的框架下，管理咨询公司内部各种知识之间的相互转化过程，并构建管理咨询公司内部知识市场中的知识共享机制；陆克斌和郭伟（2010）分析了产业集群形成机理，给出了知识市场与产业集群内全要素协同技术创新概念模型，并以陕西纺织产业为例，揭示了产业集群技术创新与集群内知识市场存在着显著的协同关系。关健和周文娇（2010）在供应链企业间知识市场背景下，引入了吸收能力这一参数，改进了知识交易模型，运用新得到的模型进行分析得到知识需求方吸收能力的大小与知识市场上买卖双方的交易积极性之间的关系，同时将模型应用于现实问题中，验证了结论的可信性。总体看，国内关于企业内部知识市场的研究以对国外相关研究的消化和吸收为主。

随着对企业内部知识市场研究的开展，开始有少量关于企业间知识市场的研究。这里所说的“企业间”，是指有合作关系的企业，其知识市场的价格系统以合作关系的互惠为主、传统市场中的金钱为辅。如 Eschenfelder 等（1998）研究了文化因素对于减少组织间知识流动障碍、保障知识市场顺利运行的作用；Bell 等（2002）采用参与式行动研究（PAR）的方法，对三个大型跨国公司之间的过程知识共享行为进行研究，其中一个公司提供三种过程知识给其他两个没有竞争关系的公司，研究结果验证了作者事前的假设：市场和团体是企业间知识交换的两大特征。

关于供应链企业间知识市场及知识交易的研究还不多，主要研究者及研究内容如下：张旭梅等（2006）对供应链中知识市场的构成进行了研究，指出知识市场主要涉及参与者、交易场域、交易规则、货币体系等要素，另外还对这些要素进行了仔细的分析；以张旭梅等（2006）的研究为基础，张慧涛和张旭梅（2007）分析了建立供应链中知识市场的原因，研究了基于知识市场的知识共享过程，并提出了通过知识市场实现供应链知识共享存在的一些问题；张旭梅等（2008）以委托代理理论为定量分析工具，综合考虑知识出售企业出售知识的积极性、各企业对于知识交易的风险偏好、知识交易的中介成本以及外部环境等影响知识跨企业边界交易的多种因素，构建了分别以核心企业、第三方知识服务公司作为管理方的知识交易模型；许有志等（2008）在供应链中引入知识交易机制，详细分析了供应链中知识供给者和需求者之间发生的交易行为，另外，重点依据知识的不同分类从显性知识和隐性知识两个角度对定价模型进行研究，从交易机制的角度一定程度上完善了供应链中的知识市场框架；张玉蓉等（2009）在分析了供应链中知识市场成因及内涵的基础上，从主体层面、客体层面和环境层面对其建立的影响因素及其知识交易方式进行了较为系统的研究；张敏和王道平（2010）从知识市场入手，利用博弈论对供应链中的知识市场进行了研究，在此基础上提出了基于知识市场的敏捷供应链知识服务模式，并对其主体功能进行了阐；陈伟和张旭梅（2013）通过引入关系质量这一中介变量，构建了供应链伙伴特性、关系质量对跨企业知识交易影响的概念模型，其中供应链伙伴特性包括文化相容、资源依赖和知识距离三个方面的内容，并利用结构方程模型结合供应链上下游企业的调查数据对上述概念模型进行了实证研究；陈伟等（2014）基于关系交易理论和交易成本理论，构建了关系机制与市场契约对供应链企业间知识交易影响的概念模型，其中关系机制分为间接关系机制和直接关系机制，间接关系机制主要通过知识中介体现，直接关系机制包括共同目标和信任两个方面内容，知识交易主要从显性知识交易和隐性知识交易两个角度考虑，并通过问卷调查数据对上述概念模型进行了实证检验；陈伟等（2015）从供应链合作创新视角下的知识交易关系出发，针对知识交易过程中交易双方投入要素无法验证的双边道德风险问题，运用委托代理理论设计了双边道德风险下供应链企业间知识交易的市场合约及关系合约激励机制并进行了比较分析；陈伟等（2015）考虑知识的显性和隐性属性，运用委托－代理理论设计了供应链企业间显性知识和隐性知识交易的多任务激励契约机制。

1.2.4 国内外研究评述

综上所述，在跨国技术联盟知识管理的研究领域，具有以下特点和不足：

（1）关于技术联盟相关问题的研究已引起国内外学者的广泛关注和高度重视，其中以技术联盟运行模式及治理机制的研究为重点，但目前关于跨国技术联盟相关问题的研究还相对比较缺乏，随着经济全球化的不断深入和技术创新的不断进步，跨国技术联盟相关问题的研究正逐渐成为学者关注的热点。

（2）关于跨国技术联盟的研究目前国内外主要集中在跨国技术联盟的合作创新机理、组织模式、战略以及跨国技术联盟创新网络对企业绩效、合作创新绩效等结果变量的影响方面，关于跨国技术联盟知识管理的研究不多。

（3）关于跨国技术联盟知识管理问题的研究大多以知识整合、知识流动、知识转移等作为自变量或中介变量实证研究跨国技术联盟对合作创新绩效的影响，尚缺乏专门针对跨国技术联盟知识共享的研究，特别是关于知识共享模式与风险控制两大关键问题的研究。

1.3 研究内容及研究思路框架

1.3.1 主要研究方法

本书拟采用理论模型、数理模型与案例研究相结合的方法开展研究工作。其中，所涉及基本理论包括知识管理理论、产业组织理论、资源与能力理论、价值链理论、委托代理理论等，数理模型主要采用的方法与工具是经济博弈论、委托代理模型、交易成本理论、机制设计理论等。

1.3.2 研究内容及框架

本书主要研究跨国技术联盟知识共享的两大关键问题，即跨国技术联盟知识共享的模式和风险控制，其主要研究内容及基本框架如图 1－1 所示。

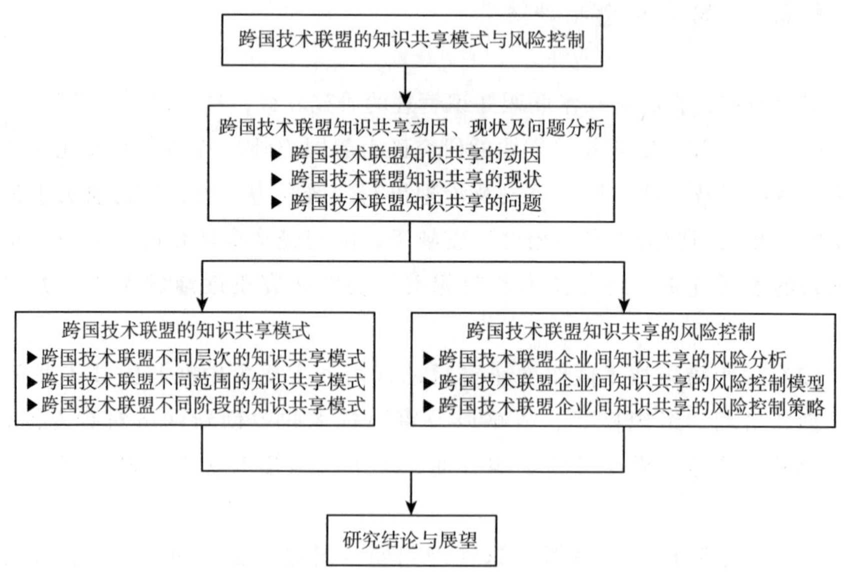

图 1－1　本书研究思路及内容框架

如图 1-1 所示，全书共分为 10 章，各章的主要内容如下：

第 1 章，绪论。本章首先介绍本书的研究背景及研究问题；其次对跨国技术联盟知识共享的相关领域进行了国内外文献综述；最后，给出了本书的研究思路及内容框架。

第 2 章，概念界定与基础理论。本章主要对本书研究所涉及和使用的相关概念与基本理论进行了界定和梳理，基本概念包括跨国技术联盟、知识、知识共享等，基本理论包括知识管理理论、战略管理理论、委托代理理论、交易成本理论、机制设计理论等。

第 3 章，跨国技术联盟知识共享动因、现状及问题分析。本章对于跨国技术联盟内的知识共享的动因和现状进行了分析，通过分析提出了目前跨国技术联盟内企业知识共享存在的问题，并对下文提出的跨国技术联盟知识共享模式进行了总体的构造。

第 4 章，跨国技术联盟不同层次的知识共享模式。本章根据联盟成员企业在价值链上的地位不同，将跨国技术联盟知识共享活动分为同一价值链层次上的知识共享模式和上下游价值链层次上的知识共享模式，并分别选取了长春威尔和 ADLES 公司技术联盟、丰田公司供应商技术联盟案例进行分析。

第 5 章，跨国技术联盟不同范围的知识共享模式。本章根据跨国技术联盟内成员企业参与知识共享的范围不同，将跨国技术联盟知识共享活动分为跨国技术联盟伙伴间的对称型知识共享模式和盟主及其他联盟成员间的非对称型知识共享模式，对两种模式的知识共享活动进行了阐述，并选取了 TD-SCDMA 技术联盟和沈鼓—西屋 AP1000 技术联盟进行案例分析。

第 6 章，跨国技术联盟不同阶段的知识共享模式。本章根据跨国技术联盟发展的不同阶段，将跨国技术联盟分为形成阶段、运作阶段和重构阶段并探讨了不同阶段的知识共享模式，之后选取了普华与福布克联盟案例进行分析。

第 7 章，跨国技术联盟企业间知识共享的风险分析。本章对跨国技术联盟知识共享存在风险的原因进行了分析，从跨国技术联盟知识共享的关系特性、知识特性以及企业特性三个层面分析了风险的作用机理，并将风险分为主体风险、关系风险以及环境风险三种类型。然后从知识共享主体、知识共享客体、知识共享情境以及知识共享手段四个方面对跨国技术联盟知识共享的具体风险影响因素进行了分析。

第 8 章，跨国技术联盟知识共享的风险控制模型。本章基于委托代理理论，并结合知识主动转移方的供需情况，建立了需求拉动型和供给推动型的跨国技术联盟知识共享模型，并对比分析了两个模型的差异，从而得到跨国技术联盟知识共享的风险控制要点。

第 9 章，基于生命周期理论的风险控制策略研究。本章根据第 8 章模型得出的风险控制点并结合生命周期理论，在联盟组建、联盟运行、技术投入与利益分配、联盟解体四个阶段中，分别从企业、社会、政府三个角度提出了跨国技术联盟知识共享的风险控制策略并建立起完整的风险控制机制。

第 10 章，结论与展望。本章总结全书研究内容，并对后续研究进行展望。

第2章　概念界定与基本理论

2.1　相关概念界定

2.1.1　跨国技术联盟

在20世纪80年代以前，跨国公司的战略联盟主要是指产品联盟（Product Link），即跨国公司将国外的厂商作为其部分产品或零部件的供应商。产品联盟不仅可以降低风险和适应产品灵活性发展的要求，而且还可以在国际范围内寻求低成本优势和规模效应。如美国福特汽车公司在1979年就和日本马自达汽车公司结成了战略联盟，据福特公司估计，通过产品开发、采购、供应和其他活动全球化，它每年至少可以节30亿美元。20世纪80年代以后，国际的和区域经济之间的企业联盟更多地开始走向技术联盟这是指企业间为了技术创新活动而进行的战略合作。Barlett和Ghoshal（1987）指出，这一合作的主要原因在于企业的竞争战略已从过去单维的追求低成本或多样化策略而转向多维策略，这包括企业生产的高效率（低成本、高质量）、面向地方市场的灵活性（多样性）需求以及企业的创新和学习能力。如今的国际竞争企业实际上同时面对着这三方面的挑战，而其中，企业的创新和学习能力是最为关键的竞争优势决定因素，创新不仅体现在新产品开发上，而且，更多地表现为生产上、管理上以及企业的组织结构的更新发展上。在合作企业之间建立一个共享的技术创新与学习组织或契约安排，不仅可以降低创新的风险和成本，而且可以充分利用合作企业的创新资源，缩短创新到扩散的时间。可以说，跨国技术联盟既是一种新型的组织结构形式，也是一种十分重要的国际竞争策略。

目前，关于跨国技术联盟的概念还没有一个统一的界定，宋文娇（2007）提出跨国战略联盟是两个或两个以上的跨国公司出于对整个世界市场的预期目标和企业各自总体经营目标的需要，而采取的一种联合的经营方式，联合各方仍保持着该公司经营管理的独立性和完全自主的经营权；而所谓跨国技术联盟，一般是指发生在两个或多个企业集团之间跨国知识传递，知识分享，知识整合以及知识管理等多维互动过程在内的跨学科，跨部门，跨区域的合作创新组织形式。卢艳秋和张公一（2010）、张公一等（2010，2011）认为跨国公司技术联盟是由两个或两个以上的跨国公司为达到共同的技术创新目标而采取的股权与非股权形式的、共担风险、共享技术成果与利益的相互合作，即跨国公司通过与其他公司或研究机构之间建立合作关系来从事技术创新活动，它类似于公司间的“技术合作”，这种合作安排既包括实力相当的跨国公司之间的和跨国公司与其他企业之间的 R&D 联盟，也包括跨国公司与国外当地的大学或研究机构等之间的合作安排；另外，跨国技术联盟的内容可以包括共享信息、共同 R&D、共享合作资源与技术成果等。廖正鹏（2017）在传统技术联盟概念的技术上，提出跨国技术联盟主要是指跨越不同国家的两个或多个企业组织为了获得技术优势而以契约方式形成的组织形式。

基于上述分析，本书所界定的跨国技术联盟包括以下几个要点：（1）跨国技术联盟主体为两个或两个以上的不同国家的独立经济组织（不包括企业内部各部门之间的合作）；（2）跨国技术联盟内容以核心技术（知识资源）要素为主；（3）跨国技术联盟方向以企业为核心，横向或纵向联盟，包括前向联盟、后向联盟与同位联盟；（4）跨国技术联盟目标是通过合作创新进行新产品开发，从而增强双方的国际市场竞争力而实现共赢。

2.1.2 知识及其经济学属性

知识是一个含义广泛的概念，关于知识本质的争论始终贯穿于哲学、经济学、教育学、计算机科学等众多研究领域，其定义目前主要分为三类：一是从哲学认识论角度加以界定；二是从认知心理学角度加以解读；三是从信息数据处理角度来定义。

（1）知识历来是哲学中认识论研究的对象，故我们常见的知识定义是从哲学的角度提出的。在我国教育类辞书中关于知识的定义是："知识是对事物属性与联系的认识，表现为对事物的知觉、表象、概念、法则等心理形式"。从哲学认识论角度，强调的是知识是客观世界的主观反映。就反映的内容而言，知识可以理解为是客观事物的属性和联系的反映，是客观世界在人脑中的主观映像。就反映活动的形式而言，知识有时表现为主体对事物的感性知觉或表象，属于感性知识，有时表现为关于事物的概念或规律，属于理性知识。

（2）从认知心理学的角度，认知心理学家皮亚杰（Piaget）对知识给予了如下论述："知识是主体与环境或思维与客体相互交换而导致的知觉建构，知识不是客体的副本，也不是由主体决定的先验意识"。

（3）从信息处理角度，知识可以理解为是主体通过与其环境相互作用而获得的信息及其对信息的组织整合。克拉克（Clarke）定义知识是关于事物运作规律的理解，具有可预测性。我国学者朱祖平将知识概念界定为知识是在对信息的推理与验证基础上得出的经验与规律，而信息是经过处理并被赋予明确意义的数据，数据则来源于原始的、不相干的事实。可见，知识是起源于实践，并被个人经验、信念及价值观改造和丰富了的信息，这些信息具有与决策和行动相关的含义，它被人们赋予各种解释并根据需要加以应用。从同样的信息当中人们所提炼的知识是不同的，知识是记录在个人记忆中的思想、事实、概念、数据与技术的精神状态。随着知识在社会经济中发挥着越来越重要的作用以及人类对知识价值认识的逐渐深入，从经济学方面对知识的研究越来越多。从经济学意义上来说，知识是能影响稀缺资源的配置，或者能增大产品的价值，或者影响产品在不同个体间分配的一切主观上的东西。基于此，本书从知识经济学的角度对知识的性质进行了分析，具体分以下五个方面。

第一，知识具有不完备性。

知识的不完备性是指由于个体认知能力和理性的局限性，每个经济个体都不可能掌握关于环境的全部知识。知识的不完备性意味着我们作为个体所拥有的关于整个世界的知识不是以一种集中且整合的形式存在的，而是由不同个体分散持有。知识的不完备性是知识分工的前提，我们知道分工和交易是一对成组出现的概念，有分工就有交易，有交易就一定存在发生交易的市场和对交易结构的治理。现代竞争更强调基于知识的企业间合作，没有哪个企业能够单靠一己之力在激烈的市场竞争中立足。供应链联盟作为一种企业层面的知识分工体系，强调企业间知识的传递和交易。

第二，知识具有不可逆性（异质性）。

知识的不可逆，是指知识所有者对某种特定知识的学习、获取、体验、应用必须在而且只能在某种特定的时空状态下进行，不同的时空状态决定着不同的知识积累与知识存量，也决定着不同知识应用的不同效果。换句话说，知识的不可逆性是指知识积累和知识应用的异质性，这种异质性产生于知识主体对知识体验的时空性。在供应链中，知识的差异性水平体现在企业拥有不可复制和模仿知识的程度。知识的异质性越大，知识专用性风险就越大，市场生产和交易成本就越高。因此，知识异质性的直接结果是供应链中的知识提供方要求得到知识接收方的差异性补偿。

第三，知识的非竞争性和部分非排他性。

知识的非竞争性指的是当经济行为人使用某种知识及其载体生产商品或提供服务时，并不妨碍其他的经济行为人也使用同一知识及其载体；知识的部分非排他性指的是知识的创造者或所有者难以制止其他人不经授权地在某些方面使用此种知识。这两个特性使知识在一定程度上具有了公共品的性质，能够在社会上广泛传播，供众多的消费者使用，且任何人对知识的消费都不会导致他人消费的减少，同时也造成了知识创新的高固定成本和知识传播的低边际成本。这在客观上导致了供应链中企业间知识市场的形成，发挥既保证知识共享企业能够获得相应的补偿利益，也保证知识接收企业获得高效知识运用的作用。

第四，知识的互补性。

知识互补性包括空间互补性和时间互补性。前者是不同类型知识或者不同知识传统沿着空间经验表现出来的互补性；后者是同一类型知识的不同知识片段沿着时间经验表现出来的互补性。在供应链中，不同企业之间由于业务流程合作和技术知识的相互关联，其知识具有很大的空间互补性；同时，节点企业在吸收其他企业知识时所需要的知识积累、知识相容度和路径依赖等条件正是知识沿时间互补性的体现。知识互补性带来了企业间合作的规模效益，增强了供应链节点企业对于供应链中知识的依赖和需求，促进了供应链企业间的知识交易。

第五，知识具有稀缺性。

稀缺性是人类面临的一个永恒经济主题。在知识经济中，人类面临的不是知识过剩，而是知识稀缺。知识的稀缺性既是绝对的又是相对的。首先，人类对知识探索的过程是一个永无止境的过程，无论人类的知识增长到多大的范围，都不可能走到认识的顶点，从而人类将永远面对一个有待开拓的未知领域。其次，社会和经济发展的需要使知识永远处于一种稀缺状态。这两方面的结合决定了人类的知识将永远面对一种绝对稀缺的状态。然而，由于知识是一种资源，它的时空分布是不均衡的。对人类社会整体的不同局部而言，知识的掌握程度是有差别的，因此产生了相对的知识稀缺。对于基于专业化知识分工的供应链联盟来说，这种相对稀缺显得更加明显。

2.1.3　知识共享与知识转移

对于知识共享的概念，基于不同的角度，学术界有不同的看法。Nonaka 和 Takeuchi（1995）认为知识共享是个人与个人之间隐性知识与显性知识互动的过程，其模式可以分为外化、内化、整合、共同化，知识的创新即为知识互动的结果。Senge（1997）认为知识共享是一种使他人“获得有效行为的过程”，知识共享必须通过互动，成功地将知识转移给他人，形成他人的行动能力。Davenport 和 Prusak（1998）则认为知识共享是企业内部的知识参与知识市场的过程，正如其他商品和服务，知识市场也有买方、卖方，市场的参与者都相信可以自此获得好处。Wijnhoven（1998）认为知识共享是一种通过信息媒介进行的知识转移，知识接受者通过已有的知识对新知识进行阐解或两者互动的过程。Bartol 和 Srivastava（2002）认为知识共享是一种沟通的过程，知识共享包括知识拥有者和知识需求者两个主体。Ardichvili et al（2003）认为知识共享即共享自己的知识给他人，与对方共同拥有该知识，进而使整个组织均知晓该知识的过程。

基于上述对知识共享的定义，我们可以对知识共享作以下描述：知识共享是指组织的员工或内外部团队在组织内部或跨组织之间，彼此通过各种渠道进行知识交换和讨论，其目的在于通过知识的交流，扩大知识的利用价值并产生知识的效应。

与知识共享一样，对于知识转移的概念在学术界也存在不同的看法。Gilbert 和 Cordey - Hayes（1996）以过程的视角提出知识转移是一个动态过程，即缺乏知识的主体通过知识来源者获取知识，并将其转化为自身知识的过程即是知识的转移。Argote 和 Ingram（2000）认为知识转移是技术或技能在不同组织部门之间的流动。Jensen 和 Szulanski（2004）从交换的角度将知识转移定义为知识源一方与知识接收者一方之间组织知识的交换过程。基于上述研究，可以看出知识的转移包括以下五个要素：第一，知识的转移是在一定的情景下进行的，为组织情景；第二，知识的转移必须有两个以上的主体参与，即知识的接收者与传递者，还有可能存在知识的管理方或中介方；第三，知识转移的最终目的是提高个人的知识水平、提高企业或组织的绩效，促进个人和组织的共同发展；第四，由于知识具有复杂的特性，如知识的隐性，因此知识的转移必须通过某些途径或载体来完成；第五，知识的转移不是在瞬间完成的，而是一个过程。可见，知识转移是在特定情境中，知识传递者通过某种途径实现知识向知识接受者的转移，并且知识接受者合理地利用知识资源来提升个体知识水平，增强组织竞争优势的一个过程，这个过程包括知识转移前的准备、知识传递和知识整合等三个阶段，如图 2－1 所示，具体情况如下：

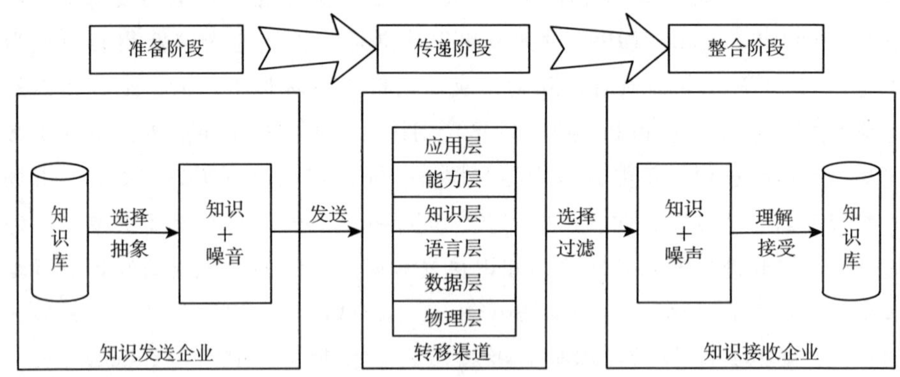

图 2－1 知识转移的过程模型

（1）准备阶段。

转移前的准备阶段始于知识转移协议的达成，结束于转移双方就知识转移事宜达成一致，包括了引起知识转移决策的所有事件。其中，有两个问题最为重要：选择什么样的转移渠道和尽可能将知识显性化。世界上没有绝对显性的知识也没有完全隐性的知识，任何一种知识都是处于显性和隐性之间。一般认为显性知识是便于传递的且损失较少。对于隐性知识来说，在转移之前，知识的发送方应该尽可能的将其显性化。在隐性知识向显性知识转化这一过程之中，可能会由于知识发送方能力有限等原因造成一部分知识的损失。至于选择何种转移渠道，常常和知识的具体类型有关。从大的方面来说，显性知识可选择操作指南、说明书等形式通过文本传递来实现知识转移，而隐性知识常常需要面对面的交流以及通过视频、多媒体等形式来转移。总之，针对具体的知识需要具体分析，有时需要多种渠道结合起来用才能达到最佳效果。需要指出的是，转移双方达成一致往往以正式或非正式的契约形式表现，契约的完备与稳固程度会直接影响到后续知识转移的效果。

（2）传递阶段。

知识传递阶段是转移双方知识交流的实现阶段，是整个知识转移过程的核心阶段，转移双方、知识内容及转移媒介之间的复杂作用都是在这一阶段实现的。由于特点的不同，显性知识与隐性知识的转移在步骤和通道使用方面会表现出一定的差异，但无论是显性知识的转移还是隐性知识的转移，在这一阶段都可能会出现循环现象。当对编码知识进行解码和吸收的过程中出现问题时，知识接收者通常会重新向知识源发出求助信息，而知识源则会对知识的内容和编码方式进行重新调整，然后再次发送。这种情况可能会反复多次，直至知识接收方满意为止。

另外，需要指出的是，认知系统在这一阶段起到了重要作用，一般来讲，认知系统不仅仅局限于编码和解码两个步骤，还涉及从知识库选择知识和向知识库存储知识这些步骤。并且，作为心智模式，认知系统本身也是不断发展变化的，而知识传递阶段涉及的知识源和知识接收者思想火花的碰撞必然对双方的认知系统产生影响，而这些影响反过来又会影响知识传递过程。这体现在知识转移的物理层、数据层、语言层和知识层上。

（3）整合阶段。

知识整合阶段是转移知识被接收者应用、检查、整合、存储的过程。这是知识转移过程的最后阶段，主要活动有知识接收者应用转移知识和整合转移知识到企业知识库两项活动。知识接收者对转移后储备到自身知识库中的知识进行实践应用并与自身原有的知识相互整合。如果转移知识带来的收益符合知识接收者的价值判断，则知识接收者将其制度化并存入知识库，否则知识接收者可能会抛弃该知识，知识转移宣告结束。在这一阶段，知识接收者的认知系统及外界的噪声都会影响转移知识的使用、测试和制度化等行为，反过来这些行为也会影响认知系统的发展。

虽然 Garavelli 等（2002）认为转移知识整合阶段对于理论性知识的转移不是必需的，但知识接收者购买知识的目的是为了解决企业经营中的问题，因此，在供应链知识市场中任何知识转移都必然涉及知识应用的问题，理论知识也不例外。达文波特认为，如果知识没有被接收方吸收，那么知识转移将失去意义。单单使知识对于知识接收方具有可获得性只是知识转移的必要前提，但无法充分保障知识被转移和使用。只有知识接收者能够运用该项知识为企业创造价值，知识转移才算成功完成。这体现在知识转移的能力层和应用层上。

2.2 相关基本理论

2.2.1 知识管理理论

美国当代著名经济学家和管理学家彼得·德鲁克（Peter F. Drucker），在1988年首次提出知识社会和知识管理的概念。他认为在新的经济社会里，“知识工作者”是唯一的最大财产，知识不仅是与传统的生产要素（劳动力、资本和土地）相并列的另一种资源，而且是当今唯一有意义的资源。知识变为特殊资源，成为新社会特有的根本特征。随后，野中郁次郎（Nonaka）和竹内广孝（Takeuchi）在《知识创新公司》一书中提出了显性知识和隐性知识相互转化的SECI模型。他们认为，知识管理并不是对客观信息进行简单的“加工处理”，而是发掘员工头脑中潜在的想法、直觉和灵感，并通过知识转化创新，获得持续的竞争优势。自此，知识管理这一思想在国内外引起了强烈反响，学术界纷纷开展知识管理的研究，企业界也在积极地进行知识管理的实践。全球财富500强重点大部分企业都已经把知识管理的理念和方法应用于企业的经营管理。

不同的企业和企业家对于企业知识管理有着不同的理解。美国德尔集团创始人之一卡尔·弗拉保罗认为，知识管理就是运用集体的智慧提高应变和创新能力，为企业实现显性知识和隐性知识共享提供的新途径。IBM公司的知识管理研究院将企业知识管理主要定位于如下九个方面：团队和团队、知识战略、专业网络管理、客户知识、技术目标、知识经济、创新、灵活性和响应、社会成本。美国施乐公司总经理兼执行董事长 Paul A. Allair 认为，知识管理是从强调人的重要性，强调人的工作实践及文化开始的，然后才是技术问题。综上所述，企业知识管理的出发点就是把知识视为最重要的资源，把知识和知识活动作为企业的财富和核心，运用现代管理理论和技术，对企业内部和外部的知识资源进行发现、挖掘、整合、共享、存储和利用，并实施科学的管理和维护，在最恰当的时间，把最恰当的知识，传送给最需要的人，保持企业的竞争能力、创新能力和可持续发展能力。

企业知识管理的过程可以分为个人（individual）、团队（team）、企业（firm）、企业间（inter - firm）四个层次（见图 2 - 2）。企业知识是由企业内部的单个个人知识以及在此基础上形成的不同层次上的知识有机结合而组成的。个人层次上的知识管理是企业知识管理的基础，为更高层次的知识管理提供了能量和动力；同时，更高层次的知识管理为个人知识管理提供了有利的环境和氛围。同一层次不同单位间的知识共享和交流，知识从低层次向高级层次的提升，更高层次上的知识为较低层次的知识管理活动提供交流平台、共享的场所等，构成了企业知识管理活动的主要内容。

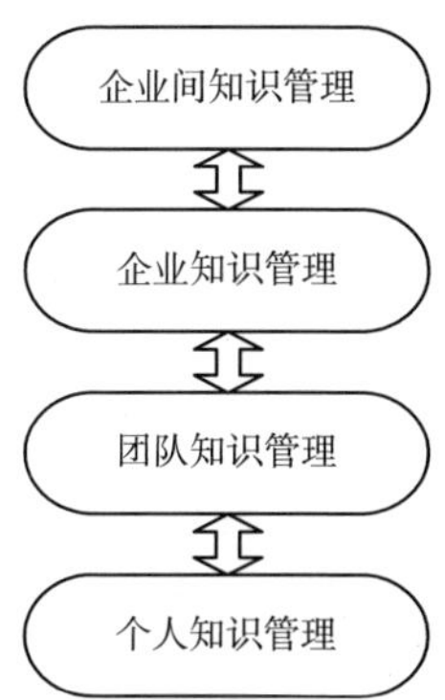

图 2 - 2　企业知识管理的四个层次

自知识管理提出以后，对知识管理理论的研究主要集中在企业内部。研究者从不同角度、利用不同方法对企业内部的知识管理问题进行探讨。其目的是通过共享企业的知识资源，使组织成为学习型组织，员工成为知识的创造者，不断创造出新知识，全面提升企业的竞争能力。

从企业内部来看，知识管理的主要目标是解决企业内部知识活动中出现的一系列矛盾，获得和保持企业竞争优势。首先要解决的就是组织内部知识资源的广度和深度间的矛盾。这一矛盾的解决方法主要是企业对于相关信息和知识的收集、整理和加工，对员工的基本知识素养的提高。这些可以通过公共传媒和专业知识交流等来实现。公共教育可以提高企业员工的知识广度，企业内部教育可以提高组织的知识深度，缩小企业内部知识差距。其次，要解决随着知识更新速度的加快，知识创新过程的长期性和知识使用寿命的缩短之间的矛盾。通过建立企业内部知识网络，加速员工间知识传递和交流，来加强组织凝聚力、发挥集体智慧、缩短创新过程、加快创新频率。再次，要解决知识的高成本创新与低成本共享、收益和分配的不确定性之间的矛盾。建立企业各种知识支撑体系，如知识门户、知识仓库、专家系统以及相应的激励机制，降低创新成本。

对于企业来说，内部知识管理的首要目标不是技术。但企业要是离开了内部知识管理就不可能具有竞争力。在以技术和服务快速变化为特征的商业中，创新永远是保持长久竞争优势的主要源泉。对于许多企业来说，一个重要的问题就是如何使员工一起跨越时间和地理的界限，献计献策，交流思想，共同创造新的思维。企业通过内部知识管理活动，把员工聚集到知识共享流程中，充分利用人们头脑中的创造性思维，产生新技术和新服务的创新思维。

企业内部的知识管理的内容主要包括知识获取、知识共享与交流、知识应用和知识创新。

(1) 知识获取。

知识获取是企业通过学习和吸收企业内外部的各种显性知识和隐性知识，来获得知识资源的过程。企业的知识获取要求个人、部门和企业都具备获取知识的能力。这种能力不仅要求在企业各知识管理层次，以及组织结构与制度等方面具有获取和接受知识的基本素质，而且这种能力的要求是随着生产发展和科技进步而不断提高的。促使企业重视对员工的精神激励，不只是那种给以赞赏、表扬或荣誉的传统式精神激励，而是一种新型的精神激励，即赋予更大的自主权和责任，使被管理者意识到自己也是管理者一员，进而更好地发挥自己的自觉性、能动性和创造性、充分发挥自己的潜能以实现自身的人生价值。

(2) 知识共享和传播。

共享是实现知识价值最大化的有效途径。企业内部知识共享是指将企业内部的信息和知识尽可能公开，使知识在员工、团体和企业不同层次间循环流动、相互转化，从而产生协同价值。知识共享和传播是企业内部知识管理的重要手段和核心内容。没有知识共享的企业将无法凝聚每一个人的创新力量。知识管理要求每个企业成员在最大限度贡献其知识的同时，也能享用他人的知识，促进知识在企业内部广泛地传播，在组织运营中发挥作用。其目标也是要提高组织中所有知识的共享水平和知识创新能力。企业知识共享的内容和方式有很多，但是不同的企业会面对不同的竞争环境和内部组织结构，因此根据不同的环境和组织特点选择适合的知识共享的内容和方式十分重要。

（3）知识应用。

知识是为了应用而存在的，成功的知识管理在于能够高效率地利用企业的知识资源解决实际问题，提高企业管理和运作的效率，从而增强企业竞争力。知识只有运用在实践中，才能显示其价值；同时知识在使用的过程中也会不断创造出新的知识。这是知识资源与其他资源的根本区别所在，也是知识管理的关键所在。因此如何有效地运用企业知识，使有限的知识资源在企业运营中发挥最大作用，就成了企业知识管理的主要内容。如果对所拥有的知识资源不能很好地利用，就是对知识资源的极大浪费；反之，提高企业知识资源的利用水平，提高知识资源为企业创造价值的能力，会为企业带来诸多的好处。

企业中的知识资源多种多样，在企业的各个活动环节、职能领域、管理层次都存在着知识。因此，对知识的有效应用必须建立在对企业知识资源的识别、分类、存储基础上。通过分析知识与企业核心竞争力的关系找到企业核心知识；通过分析知识流动顺畅性、知识使用成本和知识维护费用掌握企业知识的应用状况；通过编码化和人际交流策略来改善企业内部的知识存储现状。为企业内部知识资源的合理分配和高效率利用提供了支持。

企业知识的利用大致分为两个层次：第一个层次是利用知识资源处理企业或者组织的事务性工作；第二个层次是实在企业或组织知识资源的基础上对企业的各个层面的业务进行知识创新。各个层次的知识利用都需要个人、团队和企业各级知识管理活动相互协调和支持，促进知识在企业中的顺畅流动。

（4）知识创新。

知识创新是知识的产生、创造和应用的整个过程。它通过追求新发现、探索新规律、积累新知识，达到创造知识附加值，谋取企业竞争优势的目的。知识创新是企业知识管理的关键所在，企业内部的各项知识管理活动实际上都是在为知识创新服务，企业应该从各个可能的源泉来促进知识创新，加强知识创新的速度。

企业内部的知识创新过程主要发生在组织中的各种显性知识和隐性知识的相互转化过程中。正如野中郁次郎（Nonaka）提到的那样，员工层面的知识通过社会化的过程来达到经验分享的效果，这是一个成员间隐性知识到隐性知识的转化；在团队和部门层面，这些经验类的隐性知识又可以通过对话讨论的方式外在化，这是一个隐性知识到显性知识的转化过程；而在组织层面，组织通过对各种显性知识的组合化过程，将各种零散的显性知识组合成显性知识系统传达给员工，而员工通过对系统的显性知识的吸收接纳又可将其内在化为个人的隐性知识。知识创新过程便在组织中知识的动态转化之中循环发生，推动知识创新过程的不断进行。

推动企业内部的知识创新，是企业获取知识资源的一种有效途径。通过创建有利于知识创新的组织文化、培养员工创新的自主性、注重创新激励机制的建立、改善企业组织结构等方式改善企业知识创新的内外部环境，从而加速企业知识创新的过程。

2.2.2 委托—代理理论

委托—代理理论是现代企业理论的重要组成部分，是合约理论最重要的发展，也是现代信息经济学研究中最为活跃的领域之一。

(1) 委托—代理理论观点。

最早讨论两权分离的理论（委托—代理理论的前身）是从贝利和米恩斯（Herle&Mean）开始进行的实证研究中发展起来的，后继者鲍莫尔（Baumol）、马里斯（Marrris）等人在此基础上又进行了发展。这个理论将企业所有者与经营者的关系描述成无私的信托交换忠诚关系：一方面，作为所有者的风险投资人将企业的资产委托给他们信得过又具备经营能力的代理人管理，不要抵押，不要担保，完全承担授权不当的全部损失和授权得当的全部收益；另一方面，经营者顺从、忠诚地履行他们的信托责任，在竞争性的即期和远期市场上，买入当前和未来的投入，卖出当前和未来的产出，按照使企业利润或价值实现最大化的要求组织生产经营，以此来为所有者谋利。如果他们做得不好，那么，他们就会被解除信托责任，甚至被追究法律责任。这种理论建立在无外部性、无个人利益冲突、无信息不对称、无交易成本的假定之上，是一种理想状态。

委托—代理理论是在过去 20 年中发展起来的，对此做出开拓性贡献的人有威尔森、威廉姆森、罗斯、马里斯、霍姆斯特姆、格罗斯曼和哈特等。这一理论的特点是首先放弃了经营者无私的假设，认为他们不仅有自己的利益（个人效用函数），而且追求的就是自己的利益，如在职消费、经理权威等；

其次，这一理论放弃了完全信息的假定，认为所有者和经营者的信息是不对称的。因此，即使在最佳的风险和激励安排下，经营者也仍然能更多地偏向于自己的追求，正是在这个意义上，哈特认为委托—代理理论为现代企业管理理论奠定了基础。

委托—代理理论有其隐含的前提条件，即：①契约建立在自由选择和产权明晰化基础之上，维持契约的条件是代理成本小于代理收益；②拥有剩余索取权的委托人是风险中性者，从而不存在偷懒动机，即具有监督代理人行为的积极性；③由于剩余索取权具有可转让性，委托人通过行使退出权（或称“用脚投票”）惩罚代理人违约行为的威胁是可信的。在这样的条件下，委托—代理理论重点研究如何设置一种能给代理人足够刺激和动力的机制或契约，使代理人在追求个人效用的同时实现委托人预期效用的最大化。

广义的委托—代理关系泛指承担风险的委托人授予代理人某些决策权，并与之订立或明或暗的契约。狭义的委托—代理关系专指公司的治理结构，即作为委托人的出资人授予代理人在契约（如公司章程）中明确规定的权利（如控制权），凡在契约中未经指定的权利（如剩余索取权），归属委托人。剩余索取权和控制权分离后，尽管会产生代理收益，但由于委托人与代理人效用函数的不一致性及信息的不对称性，就可能形成代理人利用自己的信息优势，采取旨在谋求自身效用最大化却可能损害委托人利益的机会主义行为。

（2）委托—代理问题。

在委托—代理关系里，对他方的行为承担一定的风险而获得监督他方的权力的一方，被称为委托方。相应地，代理方则是指不一定非为自己行为负责的一方，他不承担风险。委托—代理的后果不仅取决于代理方的行为，同样也取决于委托方本身的行为，取决于两者之间一系列契约的签订和执行。

委托—代理问题产生的原因在于委托人掌握的信息不够，自己去亲自谋划某件事情所带来的收益，还不如委托给一个代理人去办能带来更多的收益。因此，委托人就找代理人为自己的目标服务。但是，问题在于，代理人是否会一心一意地为委托人服务。从经济学角度来看，每个人都是具有有限理性的经济人，都有自己追求的个人效用目标，因此，代理人能否为委托人带来利益就成为一个问题。由于代理人掌握的信息较多，委托人掌握的信息较少，因此，实际上就会出现委托人不如代理人主动的情况。

这种信息不对称，主要表现在委托人与代理人之间的契约签订过程及签约后履行的过程中。从委托人的角度看，所谓使代理人全心全意地为委托人服务，实质上是设立一系列约束条件，签订一个最优契约，使委托人的利益最大化。

委托—代理问题主要有因信息不对称和有限理性引起的四类问题，即信号传递、信息甄别、隐藏知识和隐藏行动。

①信号传递。信号传递是指代理人知道自己的特征，由于信息是不完全的，委托人不知道他的特征，代理人为了显示自己的特征而选择某种信号，委托人在知道了代理人的特征以后，再与代理人签订契约。信号传递的典型例子是企业老板与雇员签订契约。雇员知道自己的能力，而老板不知道雇员的能力，那么，如果雇员选择接受教育程度的信号，老板就会根据雇员的受教育水平支付工资。

②信息甄别。信息甄别是指代理人知道自己的特征，由于信息是不完全的，委托人不知道他的特征，委托人提供多个契约供代理人进行选择，代理人根据自己的优势选择一个最有利于自己的契约，并根据契约选择行动。信息甄别的典型例子是保险公司与投保人之间的关系——投保人知道自己的风险，而保险公司不知道。

③隐藏知识。隐藏知识是指缔约双方在签约时信息是对称的，缔约以后，一方当事人不知道在这种关系中另一方当事人的某些特征。例如，代理人观察到自然状态类型，并据此选择了行动；委托人观察到了代理人的行动，但不能观察到自然状态的情况，这样，信息就是不完全的。委托人的行动是设计一个最优契约，促使代理人在给定的自然状态下选择对委托人最有利的行动。

④隐藏行动。隐藏行动是指缔约双方在签约时信息、是对称的，缔约以后，代理人选择了行动，自然状态是变化的，代理人的行动是由自然状态及其努力水平所决定的；委托人只能观察到某些结果，而不能观察到代理人的行动和自然状态本身。在这种条件下，信息是不完全的，委托人的任务是设计一个机制（最优契约），促使代理人的行动对自己最有利。例如，签订经营合同后，总经理掌握了企业经营权；股东只知道有限的信息（如经营业绩），而对经营过程一般是不甚了解的。

第 1 类、第 2 类问题是委托人与代理人在签约前和签约过程中可能出现的问题，由此产生的契约是有风险的。委托人为了防范这种风险，会采取逆向选择行为。1970 年，阿克劳夫提出一个柠檬模型，该模型讨论的是在旧车市场上有质量高低不同的二手汽车，在信息不对称的情况下，购买者不知道每辆车质量的真实状况，因而只愿意根据平均质量水平支付价格，结果导致较高质量的汽车退出市场，最后成交的只是低质量的汽车。购买者本想购买较好的汽车，结果往往是买到了质量低劣的汽车，这种现象称为逆向选择。

第 3 类、第 4 类问题是委托人与代理人在签约后的履行过程中可能出现的问题，即所谓代理人的道德风险。“道德风险”这个词原本是保险方面的一个词语。从字面意义上来看，它有负面效应；按保险公司的观点，它属于可能影响投保人行为的风险。事实上，保险公司和投保人之间的关系是一种更为一般的委托代理关系。

企业代理人的道德风险主要表现在以下四个方面：

①损公肥私，即利用职务之便牟取私利，而且是以损害企业和股东（委托人）利益为代价的，如贪污受贿。

②机会主义，即根据企业经营状况及发展前景预测自然状态，在经营管理活动中采取有利于自己利益的行为，如虚报业绩、盲目扩大投资等，这种行为的后果也将损害委托人的利益。

③偷懒，即在工作中不尽心尽力，如搭便车、滥竽充数、借商务之名游山玩水等。由于企业高层经理的特殊地位，他们的偷懒行为更为隐蔽，难以观察和监督，其危害性也往往被忽视。

④机会主义与代理成本。人的有限理性和信息不对称的存在，使代理人的机会主义行为变得越来越普遍。代理人在经营过程中要追求个人效用的最大化。他可能通过搞好企业管理、提高企业益（即正当手段）来谋取效用最大化，也可能通过瓜分企业资产、牺牲企业利益（即不正当手段）来牟取私利，获得最大效用。代理人凭借的是正当手段，那么，这里就不存在机会主义的问题。但是，这仅仅是一种可能性，他还有可能通过不正当手段来获益，这时就出现了机会主义的问题。代理人的机会主义行为包括事前机会主义行为（逆向选择）和事后机会主义行为（道德风险）。事前机会主义行为包括向委托人隐瞒企业经营状况、经营环境等有关信息，以谋取委托人的较低期望值，从而减少经营压力，为以后谋取私利创造条件；还包括向委托人隐瞒自己的经营管理能力，以骗取委托人的任命等。事后机会主义行为包括企业不采取必要的避险措施减少经营损失（或增加经营收入），增加不必要的费用以牟取私利，如购买不必要的奢侈品供自己享用等；还包括编造种种理由推卸责任，运用不正当手段减少委托人可能给予的惩罚等。

人的有限理性、信息的不对称性使得企业代理人有可能采取机会主义行为。一般来说，企业代理人相对于委托人，所掌握的企业信息往往更全面、更准确，他们可以凭借这些信息对自己的行为进行成本收益比较。企业管理人员的机会主义行为成本主要是被上级发现的惩罚损失（免职、处分等），以及为减少惩罚所支付的寻租支出（贿赂等）；收益是指比按照正常行为（以正当手段行事）所取得的收益多出的该部分收入和其他物质利益。企业代理人进行成本收益比较后，做一番“审时度势”的分析，以决定是否要采取机会主义行为。

代理成本是企业所有权与经营权相分离而形成一定的委托代理关系后产生的，产生的重要原因是代理人对个人效用的追求，委托人与代理人之间存在信息不对称。委托人为了减少信息不对称所带来的逆向选择和道德风险而对代理人的条件禀赋进行识别，并对代理人的行为进行监督，由此产生了识别和监督的费用；此外，委托人为了满足代理人的个人效用，并使之尽可能与企业的目标相一致，需要设计一整套激励机制，由此产生了激励费用和职务消费的费用。

广义地讲，代理成本包括那些利益相互冲突的委托人与代理人之间在构造、监督及保证一系列契约履行时发生的费用总和。

按照詹森和麦克林的观点，代理成本由以下三个部分组成：

①委托人监督成本。委托人监督成本是指委托人为了激励和控制代理人，使后者为前者的利益尽力的成本。如公司治理结构中的董事会、监事会的运作，聘请外部的会计师事务所对公司进行审计，给代理人一定的奖励和分红，赋予代理人相应的职务消费，等等。委托人与代理人在监督与反监督方面存在这样的博弈关系：如果委托人无规则地检查代理人工作，代理人可能利用“窥探孔”，只有当委托人走近时，他才开始工作。这样，当检查次数 n 增加时，代理人偷懒的时间将减少。即当委托人加强监督时，则代理人偷懒的机会将下降。实际上，要做到如此细致的监督是很困难的，而且监督成本也会大得惊人。因此，委托人除了设计必要的监督机制外，更侧重于制定一系列激励机制以及代理人（经营者）选择机制。

②担保成本。担保成本是代理成本的一部分，是指代理人用来保证其不采取损害委托人行为所付出的费用，以及如果采取了那种行为将支付的赔偿。担保成本实际上是代理人采取机会主义行为带来的成本。在承包责任制下，某种形式的承包保证金就是一种担保，它是由承包人个人（或承包者集体）承担的成本。投资机构代客户理财时，经常采用以客户委托代理资金额的

10%作为担保金，以确保客户委托资产的安全性。而在国有企业的运作中，实际上无人进行这种担保；也就是说，担保成本完全由国家承担，代理人一旦采取了损害委托人的行动，将不负（或者无力支付）经营赔偿责任。

③剩余损失。剩余损失也是代理成本的一个部分，是指委托人因代理人代行决策而产生的一种价值损失。剩余损失的大小等于由代理人决策与委托人在假定具有代理人相同信息和才能的情况下实现效用最大化决策之间的差额。剩余损失实际上是因为代理人不尽力而产生的损失，其原因比较复杂，也较难以计量。例如，经营者的知识水平、工作能力、个人效用及偏好等。

（3）代理人激励机制。

在委托代理关系中，存在着委托人和代理人的目标不一致、委托人和代理人之间的信息不对称，以及委托代理结果的不确定性因素等问题，这些问题在内部人控制的情形下集中表现为代理人的道德风险和逆向选择。如果说经营者选择机制和设计有助于减少逆向选择的话，那么，经营者激励与约束机制的设计则有助于降低道德风险。

经营者的目标函数是个人效用最大化，其效用函数为 $U=f(x_1, x_2, \cdots, x_i)$，$x_i$为经营者的个人收入、职位消费、工作成就感、社会地位和声誉等，个人效用最大化的条件是 $MU_1=MU_2=\cdots=MUn$，即各项分效用的边际效用相等。所以，激励机制的设计需要兼顾两个方面的因素：一是尽可能包括所有的变量（我们称之为激励因素）；二是要注意把握每项变量使用时的“度”，使之满足最大化条件。激励机制的基本构成如下：

①经营者个人收入激励。企业可以在公司章程中明确给予经营者部分剩余索取权，使之合法地获得与其才能与业绩成正比的个人收入。为了使经营者既要追求短期业绩，又要注意公司的资产增值和长期发展，在个人收入的激励机制设计中，可将剩余索取分为年薪制和股权分配制两种形式。年薪制将经营者的报酬支付与一般职工分开来，由作为委托人的董事会决定标准金额。年薪制可由基薪和奖金两部分构成，基薪根据经营者以往业绩、职位平均水平确定，奖金则根据资本利润率、年销售利润率、资产增值率等经营指标的完成情况加以确定。股权分配制将公司的部分股份让渡给经营者，使经营者和股东一样，从公司剩余和股东权益的增加上获得长期的收益，从而使经营者的个人目标和公司目标最终一致。在设计股份让渡时，要规定经营者所获得的股份只享受股东权益和承担相应的责任，而不能任意处置（如转让时现有股东有优先购买权），这样可避免经营者的短期行为。

②职位消费激励。通过界定不同的企业规模和业绩，明确不同的职位，享受相应的消费标准，这是对经营者才能和人力资本的一种肯定。公司经营者可以根据企业的规模和业绩获得不同层次的职位消费权。比如，董事的活动经费、总经理的招待费、舒适的办公环境、配备专用轿车、住房补贴等，均可通过制定各级标准，使之成为经营者在职期间的合法消费，一旦由于经营不善等原因而离职则上述在职消费会自动失去。实际上，我国国有企业经营者的职位消费已是不争的事实，甚至有很多亏损企业的经营者仍大肆挥霍国有财产，出现了所谓的“穷庙里的富方丈”现象。所以，很有必要由国有企业的委托人制定出一整套职位消费标准，改变经营者滥用职位消费权的现象，使之与企业规模和经营业绩紧密挂钩，做到透明化、标准化和合法化，真正起到激励经营者的目的。

③精神激励。按照马斯洛的人生需求层次论，人们在物质需求得到满足后，精神需求将成为新的激励因素。对企业的经营者而言，当他经过努力后获得相应的个人收入和职位消费权利，物质需求基本上得到满足时，个人收入和职位消费激励的边际效用就会下降，对精神方面的需求便成为其继续努力的动力。精神激励主要包括社会地位、个人尊重和自我成就感等内容。可以通过以下措施来达到精神激励：根据经营业绩和企业规模等条件，对经营者进行定期考核，确定其任职资格，使其产生作为职业经理人的自豪感；对业绩良好、表现卓越的经营者可以晋升职务或赋予更大的权利，作为对其人力资本价值和经营才能的肯定。国有企业还可以设立专门授予企业经营者的荣誉称号，如全国十大杰出企业家、十大杰出青年企业家等，并加大宣传力度，使其与世界著名企业家并驾齐驱。此外，让优秀的国有企业经营者有进入政府担任领导职务的渠道，也是激励经营者积极向上、在更大范围内承担社会责任的一项措施。

（4）代理人的约束机制。

激励机制可以使代理人的个人目标和企业目标趋于一致，即在实现企业目标的同时，便能合法地实现个人目标，从而使企业的经营者自觉地降低道德风险。而约束机制的设计则是希望通过有效的监督，防止道德风险的产生，并迫使经营者降低机会主义和偷懒的欲望。企业经营者的约束机制构造可从内部约束机制和外部约束机制两个方面同时进行。内部约束机制主要包括契约、审计、内部制度等；外部约束机制则侧重于建立竞争性的经理市场、资本市场和产品市场，组成有效的市场约束机制。

考虑企业在进行跨国技术联盟知识共享的过程中也存在着委托—代理关系，主动提出技术联盟、提供更多信息的企业为委托方，被动接受技术联盟进而提供信息的企业为代理方。为了防止代理企业利用自身的技术优势或信息优势损害委托方企业的利益，需要设定一定的条件对代理企业的行为进行控制，以保证委托方企业的利益得以实现。委托—代理理论阐述了跨国技术联盟活动中双方企业之间的联系与差异，同时也揭露了跨国技术联盟知识共享活动中风险的重要来源，即双方企业的技术水平差异以及信息不对称。针对上述问题，我们可以借助委托代理理论深入进行跨国技术联盟知识共享的风险控制问题研究，具体研究内容详见本书第 8 章。

2.2.3 风险管理理论

风险具有客观性、偶然性、复杂性、多变性等特征，关于风险的定义，学术界各领域都有不一样的见解，但是分析后会发现所有的定义都存在两个共性：一是风险与确定性的关系。不确定性理论是风险管理的学科基础，不确定性概念构成了风险的内涵，不确定性包括了风险，但不是全属于风险。二是风险与损失的关系。损失是指无意的、未能预期的价值减少。有风险不一定就有损失。所以有获利风险而没有产生资本损失，损失是构成风险后果的重要指标。除此之外，为了理解风险的本质，就需要厘清以下三个概念之间的关系：风险因素、风险事故以及损失。风险因素是风险事故发生的潜在原因，是造成损失的问题的内在的原因。风险是通过风险事故的发生来导致损失的。损失是指非故意、非计划、非预期的经济价值减少的事实。风险因素、风险事故、损失三者之间的关系是：风险因素引起风险事故，风险事故导致损失。风险管理是通过对企业整体运营中存在可能对企业利益产生危害的各种不确定性，运用各种各样的方法进行数据收集，并且对这些数据进行整理、分析和衡量，然后根据情况制订并且执行有关的管控办法，从而使企业利益达到最大化。

每个企业都面临着不同的风险，选择一种适合管理流程进行管理对企业正常运营起到至关重要的作用。风险管理是一个符合一般管理逻辑的连续过程，包括风险意识建立、风险的辨别、风险的评估、风险防范方案的制定、风险处理、控制与反馈。下面将详细阐述风险识别与分析、风险的控制与应对这两个步骤。

（1）风险识别与分析。

风险识别在整个风险管理工作中起着一个承前启后的重要位置，是不可替代的环节。风险识别从企业内部和外部不同的环境中进行，找到影响企业经营目标的风险因素。风险识别要根据具体不同风险的类型进行识别，争取做到全面分析。在风险识别的过程中，要尽可能多的找出企业在经营管理中存在的所有可能的风险因素。对所存在的各种风险因素进行分析、排序，就是下一个阶段需要进行的工作。基于对各种风险因素的识别，对各种风险可能带来的影响程度和重要程度进行客观充分的评估和分析，为整个风险应对策略提供依据。对风险分析的重点是各种显在或者潜在风险因素引起风险发生的可能性与其影响程度。风险分析阶段存可以用定性和定量的方法，具体选择正确的方法进行风险评估，是整个企业管理当中关键的问题。

（2）风险的控制与应对。

根据对风险识别和风险分析的研究，具体问题具体分析，结合企业的具体风险进行分析，把企业的风险管理目标与风险的承受能力充分的结合进来，最后制定出有针对性的策略和解决问题的方法。风险控制是指采用具体的应对策略对前面两个步骤中识别评估出来的重要风险因素进行处理，来降低风险发生的频率和损失程度。

2.2.4 交易成本理论

由 Coase 开创并由 Williamson 发展的交易成本理论已成为人们研究制度安排的基本范式。

（1）交易成本理论的提出。

交易成本理论以交易费用为基本分析单位，用替代、边际和契约的方法来研究企业的存在原因、边界定位、规模扩大以及企业和市场的相互替代关系等问题。交易成本的概念最早由 Coase 提出，他将交易成本定义为利用市场机制的费用，主要包括寻找市场交易的费用、谈判的费用以及拟订合同和监督合同执行费用等。通过引入交易成本概念，Coase 打破了市场机制没有成本的原始假设，将企业的边界定在外部交易成本与内部管理成本相等的地方，而企业的扩张与缩小则完全取决于交易成本的节约。

沿着 Coase 的思路，Williamson 等（1985）进一步对交易成本加以了界定。他认为从交易的本质看，可将组织进行交易的方式分为层级和市场两种形态。同时他认为，企业选择不同的制度安排，目的是使生产成本和交易成本最小化。交易不仅会集中在市场和企业这两端，如今在中间范围内交易也更为常见。Williamson 从交易成本理论出发，指出介于市场与企业科层制之间的组织形式如外包、技术合作等存在已久，在不少情况下，它们与具有严格边界的企业聚合为一体，并充分利用清晰产权和复合的共同产权的治理利益。

（2）交易成本理论的发展。

国内外学者从不同角度对交易成本进行了分类和界定，但总体来讲，划分依据基本一致，主要和技术及机会主义行为相关。Williamson 等（1985）对交易成本进行了分类和界定。他将交易成本分为事前的交易成本和事后的交易成本两类。事前的交易成本指起草、谈判和落实契约的成本；事后的交易成本指交易已经发生后所产生的成本，包括当事人退出契约的成本、当事人调整契约中有关条款的成本、当事人处理冲突的成本、双方维持长期持续的交易关系的成本等。此外，Williamson 还提出了交易费用二因素决定理论。他认为决定交易费用的因素可以归纳为两种：一是涉及市场结构和环境的交易因素；二是涉及人性假设的人的因素。前者主要是指市场的不确定性、潜在的交易对手的数量以及交易物品的技术特性（如资产专用性程度和交易频率）；后者指交易主体，人性的假设是有限理性和机会主义。这些因素的核心是由于资产专用性带来的机会主义行为。Milgrom 和 Roberts（1992）认为 Coase 并不十分清楚交易成本的来源和性质，因此他们将交易成本分为协调成本和激励成本。协调成本主要指用于确定价格和交易的其他细节，使潜在的买卖双方互知对方的存在和位置，并把买卖双方聚集在一起进行交易所产生的成本。激励成本主要有两种：一种是由于信息不完整和不对称而产生的成本；另一种是基于有缺陷的承诺而产生的成本。日本学者今井贤一等以 Simon 提出的"有限理性"假设以及机会主义行为（主要指人们利用不对称信息、以不诚实或欺骗的方式追求自身利益的行为）假设为分析前提，根据交易成本影响因素的不同特点，把交易成本分为两大类：一是由参加交易的商品或服务的特点以及进行交易的场所等客观特征决定的交易成本；二是由参加交易的主体以及决策者行为特征决定的交易成本。但是，在这种假设前提下，交易双方为识别对方信息的真实性都要花费昂贵的费用，从而使得市场上讨价还价将变得更加复杂，交易成本也随之增加。侯广辉等（2009）将交易成本划分为两大类：技术型交易成本和关系型交易成本。前者主要指基于技术等客观手段限制而导致的交易成本，后者主要指基于交易双方信息不对称而导致的交易成本。

由 Coase 开创并由 Williamson 加以发展的交易成本理论已成为人们研究制度安排的基本范式。但随着时代的发展，新技术不断涌现，企业组织形式不断创新，传统的交易成本理论遇到了严峻的挑战。为了顺应时代发展的趋势，学者们从信息技术及跨组织合作等方面拓展了交易成本理论。Malone 等（1987）利用交易成本理论分析了信息技术对企业边界的影响。他们认为信息技术引发了市场和科层治理交易效率的变化，尤其是引起了市场治理交易的成本降低。Gurbaxani 和 Whang（1991）认为信息技术对于组织之间的协调成本的降低要大于组织内部成本的降低，从而促进了组织层级制的重构。Bolton 和 Devatri pont（1994）强调了信息交流的专业化收益，构建了相应的模型，对模型进行了分析并得出了一个直接的推论，即交流成本的降低会导致一个更扁平的和更小的组织。Brynjolfs 等（1994）认为信息技术减少了事前和事后的交易成本，进而减少了垂直一体化作为激励匹配的机制，更多地采取了外部市场交易的手段，即更加趋向于外部化。

交易成本理论最初是针对企业内部交易而提出，但随着跨组织合作形式的出现，学者们试图扩展交易成本理论，把跨组织治理结构并入交易费用的解释框架中。Williamson 等（1985）研究了混合治理形式，提出当专有资产与内部生产成本在一个中间水平时，混合治理形式比市场或组织内部层级治理更可取。在此基础上，Kogut 等（1988）明确提出，当不确定性高于一定程度，并伴随着高度的资产专用性时，跨组织合作将会出现，并具体分析了哪种合作方式适合于特定的合作企业。

虽然交易成本理论有助于理解组织为什么要进行跨组织合作，它仍存在不足。Hagedoorn 等（1993）研究表明，利用交易成本理论不可能获得关于技术创新诱因的全面认识。在技术创新框架中，缩减成本的合作目标（如缩减 R&D 投资的成本与风险等）并非技术导向下的组织进行合作的真正目的，组织合作的真正目的是支持价值提高目标（如获得技术互补、缩短技术创新时间、增加进入市场的速度等）。由于交易成本理论往往用孤立的观点看待交易，忽视根植于个人及组织内或组织间的关系，从而使跨组织合作倾向被低估。

2.2.5　机制设计理论

机制设计理论是现代学术界关注的焦点，它在现代经济学中对社会惯例和市场的分析上做出了重大的突破，改变了以前经济学家认为在政府信息不完全的情况下不能进行优化社会惯例和规章的观点，它对政府政策的制定有很大的影响。该理论的逐渐成熟使亚当·斯密所谓的市场——这只“看不见的手”越来越清晰，并且可以利用市场“这只手”去实现计划者的目标和计划。

（1）机制设计理论的定义。

20 世纪 60 年代，里奥尼德·赫维茨最早提出了机制设计理论，并将其定义为：对于任意给定的一个目标，在自由选择、自愿交换的分散化决策条件下，能否并且怎样设计一个合理机制（制度或规则），使经济活动参与者的个人利益和设计者既定的目标一致。赫维茨强调机制具有机械性、标准性和程序性，他的意图是使社会各学科都精确化，如一项经济政策的实施可以像发射火箭一样被精确地预期和准确地击中目标。继赫维茨之后，美国经济学家马斯金和迈尔森对机制设计理论进行了深化和发展，他们理论研究的核心是如何在信息分散和信息不对称的条件下设计激励相容的机制来实现资源的有效配置，因此其关于机制设计理论的定义也主要是围绕这一核心进行论述的。通过不同学者的描述可以看出，机制设计理论的定义大致可以分为两部分：首先具有一个“信息加工系统”，对收到的不完全信息进行准确而有效分析，并做出合理决策；其次，各个行为体都应该符合自由制度主义主张的自私、理性等特性，追求相对利益最大化为目的，且私人的理性与社会的理性相符合。机制设计理论构建了一个理论框架，把经济机制理论的模型划为四个部分：自利行为描述、经济环境、想要得到的社会目标和配置机制。该理论深化了人们在不同情况下对资源最优配置性质的理解，它允许研究者在缺乏严格假定的情况下，系统地分析和比较各种体制，对政府进行有效的政策、制度选择有重要作用。

（2）机制设计理论的内容。

机制设计理论主要包括两个方面的内容，即信息效率问题和激励相容问题。

①经济机制的信息效率问题。

信息效率（Informational efficiency）是关于经济机制实现既定社会目标所

要求的信息量多少的问题，即机制运行的成本问题，它要求所设计的机制只需要较少的关于消费者、生产者以及其他经济活动参与者的信息和较低的信息成本。任何一个经济机制的设计和执行都需要信息传递，而信息传递是需要花费成本的，因此对于制度设计者来说，自然是信息空间的维数越小越好。

现实世界中的信息分散于生产者和消费者之间，他们各自拥有自己的私人信息，因而信息具有不完全特征。在市场竞争机制下，参与者分散决策，依赖于供需信息的交换传递来做出生产和消费决策。机制设计理论从信息的观点出发，把经济机制看成是一个信息交换和调整的过程，在统一的模型和信息框架下研究了经济机制以及各种经济机制的信息成本问题。机制设计理论认为实践中可以从一个经济机制信息空间维数的大小来评价机制的好坏。从这个角度出发，机制设计过程就是针对想要实现的既定社会目标，寻求既能实现此目标，又要信息成本尽可能小的设计过程。比如设定资源的帕累托最优配置为社会目标时，竞争的市场机制就保证了此目标的达成。然而，竞争的市场机制是否是经济信息效率最高的呢？在给定的新古典经济环境下，是否存在其他的分散决策机制能够利用更少的信息成本来实现资源最优配置呢？赫尔维茨在 20 世纪 70 年代的研究成果证明，在纯交换的新古典经济环境中，竞争的市场机制用最少的信息达到了有效的配置。在放松对新古典经济环境的假设之后，机制设计理论还对于商品不可分、偏好或生产可能性集非凸等并不满足新古典经济环境条件下，能够导致最优资源配置的分散决策的经济机制进行了探讨。赫尔维茨证明了这种机制是存在的，但却是以非常高的信息成本为代价的。

通过一个信息调整过程的模型，可以说明机制的信息成本问题。在某一市场中，有 n 个市场参与者，每个参与者可以既是生产者又是消费者，也可以只是生产者或只是消费者，所有参与者的集合记为 N。作为一个生产者，企业有一个生产可能性集合，记为 Y_i。作为一个消费者，他有一个消费空间，记为 X_i，由一个消费偏好关系或效用函数，记为 R_i，即对任何两组商品组合，他能比较哪一组商品对他更为有利。每个单位 i 都有一个初始资源，记为 w_i。消费空间、初始资源、消费偏好关系、生产技术这四项合起来就构成了该参与者的经济特征，记作 $e_i=(Y_i,X_i,R_i,w_i)$。抽象地说，一个经济社会就是由所有参与者的特征构成的，它也被称作经济环境，记为 $e_i=(e_1,e_2,\cdots,e_n)$。所有可能的经济环境形成了一个集合，记作 E。所有资源配置的集合称为资源配置空间，记作 Z。

由第 i 个人传递出的信息记为 m_i，也叫做语言，所有这些信息的集合称为第 i 个人的语言空间，记为 M_i。N 个人在时间 t 的一组语言记为 $m(t)=(m_1(t),\cdots,m_n(t))$，所有这些语言的集合称为语言空间，记为 M。人们根据所接收到的其他人的信息不断调整并对自己所发出的信息进行反馈，在一阶差分模型中，第 i 个参与者在时间 $t+1$ 对时间 t 时的信息响应由差分方程 $m_i(t+1)=f_i(m(t),e)$，$i\in N$ 给出。这里，f_i：$E\to M$ 被称为响应函数。

一旦这种调整过程达到平稳点，人们不再改变信息，即 m 是响应函数的不动点 $m_i=f_i(m,e)$，$i\in N$，或达到规定的终点时刻 T 时，通过某个资源配置规则（结果函数）$h(\cdot)$：$M\to Z$ 来决定资源配置结果，即资源的配置由 $z=h(m)$ 来决定。响应函数平稳点的集合定义了一个从经济环境空间 E 到信息空间 M 的一个对应，记作 μ_i：$E\to M$，即 $\mu_i(e)=\{m\in M:m=m_T$ 或 $m_i=f_i(m,e),i\in N\}$。令 $\mu(e)=\bigcap_{i=1}^{n}\mu_i(e)$，我们可以得到一个从 E 到 M 的多值对应：μ：$E\to M$，且 $m\in\mu$，当且仅当 m 是响应差分方程的平稳点。这样，一个信息调整机制就可以等价地定义为 $\langle M,\mu,h\rangle$，这里，$\mu=\bigcap_{i=1}^{n}\mu_i$ 称为平稳信息对应。这样的一个信息调整、资源配置过程就决定了一个经济机制，它由语言空间、响应函数、结果函数构成，记为 $\langle M,f,h\rangle$。信息空间规定了每个人根据自己的特征送出特定的信息；响应函数代表了下一时刻输出的信息，反映了如何在接到前一时刻的信息后以怎样的形式反映出来，这种响应与经济环境 e 有关，反映函数决定了平稳信息状态；配置规则则是依据各个单位送来的信息做出相应的资源配置的。

当信息分散化和调整过程被定义之后，从一个机制的信息空间维数的大小就可以来评价该机制的好坏。从信息的角度来看，若想实现某种社会目标，人们总是可以找到一个在实现该目标的同时花费最小运行成本的机制。一个信息分散且导致资源有效配置的机制被说成是信息有效的，若它的信息空间 M 在所有导致了有效配置的信息分散化机制中是最小的。

②经济机制的激励相容问题。

激励相容（Incentive compatibility）是赫尔维茨于 1972 年提出的一个核心概念，其定义为：假定机制设计者有一个经济目标，称为社会目标，这个目标可以是资源的帕累托最优配置、在某种意义下的资源公平配置、个人理性配置、某个经济部门或企业所追求的目标或在其他准则下的配置等，机制设计的任务就是要设置某套机制或是规则，在使每个人追求个人的利益的同时，设计者设定的社会目标也能得到实现。在社会经济活动中，通常机制设计者的目标和机制参与者的利益之间不会完全一致，要达到机制设计者的某种目标，就必须对活动参与者给予激励，机制参与者只有能获得大于其付出代价的利益时，才会遵循该机制的约束和要求，把事情做好，否则，他们就会选择不遵循该机制的约束，或者不把事情做好。因此，建立合理有效地激励机制，对于机制设计者的目标实现，有重要意义。针对激励相容的问题，经济学家也发展了一个基本的理论模型来研究激励机制的设计制定。该模型主要包括以下五个部分：

第一，经济环境。

在某一市场中，有 n 个参与者，参与者 i 的经济特征记为 $e_i=(Y_i,X_i,R_i,w_i)$，其中，X_i 是 i 的消费集，w_i 是 i 的初始资源，R_i 是 i 的偏好关系（若效用函数存在，则以 u_i 来表示 i 的偏好关系），Y_i 是 i 的生产集。所有允许的经济特征的集合记为 E_i。所有参与者经济特征的一个组合 $e=(e_1,e_2,\cdots,e_n)$ 被称为一个经济环境。

第二，配置空间与社会目标。

在给定的经济环境中，每个参与者都做出决策并参与经济活动，并从经济活动中得到配置的结果。以 Z 表示所有配置结果的集合，即配置空间。配置空间的点并非是最优甚至是可行的。令 $A\subset Z$ 表示所有可行的配置结果集合。在某种社会最优的标准下，可行集的某个子集构成了一个社会目标，或叫作社会选择对应，记作 F。于是它是从经济环境空间到可行集的一个对应 F：$E\rightarrow A$。当社会选择对应成为一个单值映射时，我们把它叫作社会选择函数，记为 f。设计者的任务就是对所有的经济环境 $e\subset E$，找出某种配置规则（经济机制）使得所导致的配置结果符合社会目标。

第三，经济机制。

机制设计者由于缺乏关于个人经济特征方面的信息，因此，需要制定恰当的激励机制来诱导每个人，使他们可以真实地现实他们拥有的信息。设计者可以先告诉参与者他所收集到的信息将如何被用来决定配置的结果（也就是先告诉参与者游戏的规则），然后根据游戏规则和参与者所提供的信息，来决定配置的结果。

一个机制由信息空间 M 及结果函数（配置规则）h 组成，记作 $\Gamma=\langle M,h\rangle$。令 M_i 表示参与者 i 的信息空间，它是参与者 i 所有可能交换和传送的信息 m 的集合。令 $M=\coprod_{i\in N}M_i\coprod$。信息空间 M 规定了各种参与者送出什么样的信息的范围，配置规则 h 则根据各个参与者所提供的信息 m 给出配置的结果，于是结果函数 $h: M \rightarrow Z$ 就是从信息空间 M 到结果空间 Z 的一个映射。

对激励机制的设计与信息调整机制的设计不同的是，参与者的行为不是通过响应函数或是信息对应来进行描述的，而是由参与者根据其偏好和采取的策略的方式所决定的。在经济学文献中，机制也被叫作博弈形式，但与博弈论不同的是，博弈论中的参与者的偏好是已经给定的，但在机制设计当中，参与者真正的经济特征是不为机制设计者所知的，设计者只知道它属于某个集合的范围，因此，它不是给定不变的。

第四，个人自利行为策略均衡假设。

在机制理论中，最基本的一个假定就是每个人在主观上都追求个人利益，并依据个人的私利行事。若没有激励的存在，他们通常不会真实完全地显示有关其经济特征方面的信息。不同的经济环境及机制将导致参与者个人自利行为的不同反应。每个人在规则下选择认为对自己最有利的信息。每个人行事的策略（即送出的信息）都取决于他的自利行为（行为方式）。个人的自利行为不仅取决于他的经济特征，同时也取决于该所设定的经济制度或者是游戏规则，不同的规则显示了不同利己行为。令 $b(e,\Gamma) \in M$ 表示在经济环境为 e，机制 Γ 给定下的均衡自利行为策略解的集合。因此，给定经济环境 E、信息空间 M、配置规则 h、自利行为准则 b，所导致的所有均衡配置结果是由配置规则和均衡自利行为策略进行复合而形成的，记为 $h[b(e,\Gamma)]$。

第五，社会目标的实施与激励相容。

激励机制设计的目的是要实施某个给定的社会目标 F。首先，应当注意社会选择对应 F 依赖于经济环境。其次，给定某个经济机制 $\langle M,h \rangle$ 和均衡自利行为的决策集 $b(e,\Gamma)$，社会目标的实施问题涉及 $h[b(e,\Gamma)]$ 和 $F(e)$ 这两个集合相交的状态关系问题。

（3）机制设计理论的发展及应用。

赫维茨奠定了机制设计的理论基础和框架，在此基础上，马斯金和迈尔森对其进行了完善和发展，其主要的研究成果就是“显示原理”“执行理论”。显示原理是指任何一种资源配置的规则，如果能够被某个机制所达到，那也一定存在一个直接机制可以实现这一资源配置的规则，并且在这一直接机制中，每个理性参与人都会真实报告自己的信息。这里所谓的“直接”，是指参与人向外界发送的信息就是其自身的类型。显示原理由迈尔森归纳出完整的一般形式，其重要性在于，它通过给出一般性机制与报告真实信息的直接机制的等价性，使人们可将注意力集中于报告真实信息的直接机制上面，进而缩小了人们的选择范围，使得很多问题可以用数理方法处理。而当人们只需要考虑寻找最优的直接机制时，激励相容约束与理性参与约束就成为机制设计理论模型中最重要的约束条件。

执行理论是机制设计理论中另外一项研究成果，它能解决显示原理所不能解决的一个很重要的问题。一个机制可能包括很多不同的内部均衡，如何使得所有这些均衡达到最佳状态在执行原理出现前困扰了很多人。马斯金发现的执行原理很好地解决了该问题。他证明了在马斯金单调性、非一票否决的条件都满足的条件下，在至少有三个决策人时，纳什均衡中的执行是可以实现的。在此之后，其他学者研究并得出了在一定的条件下，可以设计出某种机制，使所有的纳什均衡都可以实现帕累托最优。

机制设计理论作为方法论，将不同机制的共同属性抽象了出来，并且能够通过具体的问题应用并展现出来。因此，虽然其产生发展仅有短短几十年的时间，就已经被广泛地应用于多种经济社会活动中。机制设计理论为许多现实问题提供了理论解释，在很大程度上影响了经济政策的制定和市场制度的选择。由于用一个统一的模型把所有的经济机制放在了一起进行研究，其研究对象大到整体经济制度的一般均衡设计，小到某个经济活动的局部均衡设计；其研究范围涵盖了计划经济、市场经济等经济机制。此外，机制设计理论中“设计者”的概念也是非常广泛的，既可以是宏观经济政策制定者或设计者，也可以是微观经济单位的主管。这使机制设计理论具备了非常广泛的应用前景，将大到宏观经济政策、制度的制定，小到企业的组织管理问题纳入统一的分析框架中，对现实问题具有很强的解释力和应用价值。因此，本书将采用机制设计理论来解决供应链企业间知识共享或转移过程中产生的交易成本和无效率的市场机制设计问题，考虑双方在不完全信息的情况下，根据模型来设计一套激励相容的市场机制，从动机和激励两个层面促进供应链企业间的知识共享和转移行为，以实现供应链企业双方在知识共享收益的个体最优和整体最优。

第3章　跨国技术联盟知识共享动因、现状及问题分析

3.1　跨国技术联盟知识共享动因

3.1.1　知识的分类

知识可以根据不同的标准进行划分。根据知识是否可以通过载体传递，可以分为显性知识和隐性知识；根据存储位置，可以分为个人知识和组织知识；根据使用目的，可以分为描述性知识、程序性知识、因果知识、情境知识和关系知识。其中，隐性知识存在于个人心中，不容易被外化和传播，它们往往是个体对于外部实践的判断和预知，是源于经验所得的知识；而显性知识则是可以依赖介质进行表现和传递的，相比于隐性知识而言，更容易共享。个人知识主要指员工个体所拥有的知识，通常是员工的经验、技巧等，这些知识能够被带走。但是，组织知识则是指组织内的集体知识，如操作过程等，组织知识不能够被个体带走。描述性知识，即对已知事物的了解，是对事件的概念，组成和结构的了解；程序性知识，即如何做的知识，是对作业的流程以及方法等的了解；因果知识，即对原因的了解，是对事件的因果关系的了解；情境知识，即对时间的了解，是对事件和背景的了解；关系知识，即相关背景知识，是对事件与其重要因素之间关系的了解。

由于隐性知识不易于传递，而企业要想获得隐性知识就要选择外部交易或内部交易进行隐性知识的共享。外部交易存在着知识泄露等风险，且交易成本高，因此，很多企业选择组建技术联盟的方式，并通过联盟内的知识共

享活动来获取知识，尤其是隐性知识。而在跨国形式下，组建跨国技术联盟能够在很大程度上拓宽企业知识获取的渠道，实现跨文化知识的转移和共享。

3.1.2 知识的分工、积累与知识缺口

Becker 和 Murphy 提出了知识分工的模型，他们认为，要完成某一任务，需要投入积累知识的时间和完成任务的时间。由于知识可以固化在载体中，所以可以节省劳动力并产生增加收益的效果。此外，知识专门化是提高知识积累效率的必要前提。知识的专门化有其利弊所在：一方面可能知识投资时获得收益；另一方面，由于时间和空间差异的存在会导致知识的投资风险。由此可见，知识投资的收益在很大程度上取决于知识在特定时间和空间对于实现组织目标的贡献程度。这也意味着，不同类别的专用知识对组织的作用是有差异的，只有那些能够同时满足社会需要和市场需求的知识才能实现其价值。

早期对知识的持续投入是企业获取市场的必要条件。但是，市场的不确定性可能导致企业积累的知识贬值。换句话说，企业内外部商业环境的变化将把核心优势转化为阻碍企业发展的因素。因此，企业间跨国技术联盟的建立，可以有效实现成员企业知识投入的专业化和规模化以及协同效应。这样一来，可以降低知识投资存在的不确定性以及风险并增加收益。

相对于市场结构来说，一体化的企业机制更具备优越性，但是也往往会存在过分投资的倾向。他们对专业资产管理的热情不是很高，所以在市场不确定和知识容易贬损的情况下，这种企业机制在很大程度上会出现投资和知识能力过剩的情况。而对于市场结构下的小企业来说，他们对于对专门资产投资的积极性不是很高，但是在对已有资产的管理上表现积极。但如果不存在协调的情况时，这些小企业也会产生投资过剩行为。对于大企业而言，科技通过提高知识的传播的能力和速度来解决知识过剩的问题；而对于规模较小的企业来说，关键在于它们是否能够在各自的资产和与大企业协同增效的能力方面形成协同效应，从而提高市场先发制人的能力。然而，中小企业通常缺乏创新所需的专业资产，就为他们之间的协同提供了条件。企业可以通过形成技术联盟来避免专业知识的过度投入和相对的能力过剩，从而实现联盟成员能力的有效整合与协作。

不同企业在知识体系方面是不同的，而且知识体系也有其局限性。能力

缺口的出现意味着企业的现有能力不能够支撑企业实现其战略目标，也就是说，能力缺口存在于企业现有知识体系与实现战略目标所需知识之间的差距。如果在企业外部存在知识，可以使企业的知识差距得到弥补时，这时企业可以选择利用市场机制进行新产品和技术的研发，从而实现企业的战略目标，如图3－1所示。

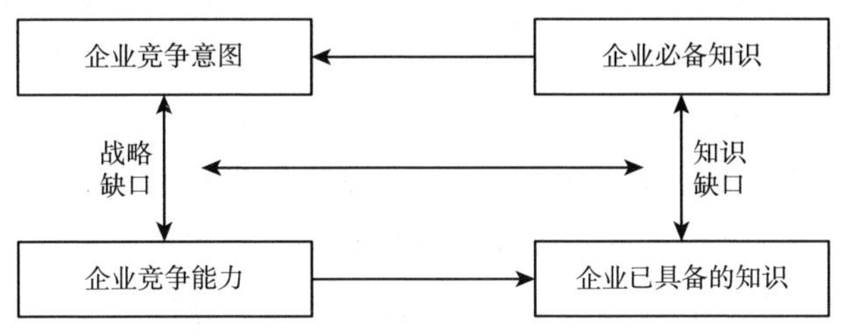

图3－1　企业的知识缺口

从技术复杂性的角度来看，新技术或新产品的开发存在一定的风险，往往需要复杂技术与市场因素的相互作用。这些技术和产品的成功开发需要来自不同来源的知识投资和来自不同维度的性能标准。因此，当企业存在知识差距时，需要其他企业的帮助。综上来看，企业有了知识的积累并且在某些方面知识过剩、某些方面知识存在缺口的情况下，会积极寻找联盟伙伴并组建跨国技术联盟来进行知识的共享活动，帮助企业实现自己的战略目标。也就是说，知识过剩和知识缺口的存在导致了知识共享的产生。企业选择组建跨国技术联盟知识共享能够弥补知识缺口并且扩宽了企业知识获取的渠道，为实现企业跨国经营目标提供知识资源基础。

3.1.3　联盟知识的管理

我们将联盟中集体拥有的可以进行共享的知识称为联盟知识。对于跨国技术联盟企业而言，之所以进行知识管理的关键在于联盟知识的共享，是因为当联盟知识被联盟内部所有企业所接受时，才能够提高各成员的竞争优势，从而实现联盟的整体目标。所以，在联盟内部要建设一个有利于成员企业进行知识共享和交流的有效渠道和氛围，并通过企业员工的交流、人员培训以及网络共享等方式促进联盟内部知识的传播和共享。

组织之间知识的专有性和互补性是组织内知识整合的前提条件。知识整合是协调整合组织内每个企业的原始知识系统，使其统一成组织内的共有知识，并使企业之间的知识得到了互补和扩展。知识碰撞实际上是在原有的知识基础上再创造出新的知识。出于对联盟的目标和组建联盟存在的风险方面的考虑，联盟成员企业并不会投入全部的知识资本。在很多情况下，联盟成员企业会在多个联盟中担任成员，建立多方面的联系，形成联盟平台。新的知识是在原有知识的整合和碰撞过程中产生的，且这些知识从联盟的平台转移至成员企业。由于联盟中的成员企业本身是独立的经济实体，各企业会根据自己的利益调整知识共享意愿。因此，如何鼓励成员企业与合作伙伴企业分享知识，共同开发新产品和新技术，是联盟知识管理的关键环节。为实现知识的有效转移和共享，有必要建立从联盟平台到成员企业总部的沟通协调机制，从而使联盟的组织更加扁平化，以及组建一些临时性的或者非正式的组织团队，加强企业员工之间的沟通和交流。此外，为了实现联盟企业之间的有效合作，要建立彼此之间相互信任的联盟文化，这样有助于扩大联盟成员各方对于知识资源的开放程度，从而促进联盟内知识的整合与碰撞。

由此可见，联盟知识的管理对实现跨国技术联盟的成功是必要的。而跨国技术联盟知识共享活动是联盟知识管理的关键和核心，联盟内知识共享促进联盟知识的更新和企业知识的积累，从而能够增强企业的国际竞争力。基于此，企业选择组建跨国技术联盟进行知识共享活动。

3.2 跨国技术联盟知识共享现状

随着经济与科技的迅猛发展，在知识经济时代，企业尤其是国际企业面临的市场竞争日益激烈。企业以往的经验、知识、技巧等不足以支撑企业进行研发和创新，因此，企业必须寻求自我适应的新途径以应对环境的变化。每一个企业都有其特定的知识合集，他们的知识具有独特性和专用性，而不同企业之间知识的共享为企业的知识创新提供了新的途径。组建跨国技术联盟的路径选择为企业进行知识共享提供了便利。因为在跨国技术联盟中，企业可以突破距离、文化、宗教、国别、经济的很多因素的障碍，实现低成本的知识积累和知识创新。此外，在跨国技术联盟中，各个联盟成员企业实际上是相互独立的经济实体，意味着企业可以共担成本、分担风险，并且以最少的投入实现更多的利益回报。

从跨国技术联盟的发展形势看，最近几年的跨国技术联盟发展态势良好。全球500强公司中，微软、三星、摩托罗拉等公司都先后与中国组建了跨国技术联盟进行知识的转移和共享；美国公布了允许微软和雅虎建立互联网搜索联盟的声明；爱立信与IBM、诺基亚等公司建立了蓝牙技术联盟；寰宇一家航空公司的联盟成员数量也在不断扩充，包括东方航空、美利坚航空等；长春威尔与ADLES公司建立了汽车维修技术联盟以寻求核心专业技术的知识共享；丰田公司建立了供应商技术联盟，实现了供应商之间的知识共享；中国大唐通信公司提出了第三代移动通信标准，建立了TD－SCDMA技术联盟，联盟成员多达100多个，各个成员实现了专有技术和知识的共享；我国与美国、日本建立了沈鼓—西屋AP1000技术联盟，实现了核电知识的共享和转移。

由此看来，在经济和科技高速发展的时代，选择跨国技术联盟进行知识共享以实现企业的知识创新和绩效的提升成为很多企业发展路径选择。跨国技术联盟这样一种组织形式是企业进行知识共享的有效途径，也是联盟成员企业应对全球经济、科技以及综合实力竞争的良好方案。

3.3　跨国技术联盟知识共享存在的问题

虽然跨国技术联盟的发展态势良好，跨国技术联盟的知识共享也一直为其联盟企业进行知识的更新、积累和知识的创新，但一些研究学者和一些课题组对于大样本的跨国技术联盟企业的调研过程中发现，跨国技术联盟在实际运行过程中存在着很多的问题。这些问题包括了跨国技术联盟的运行效率低下、诚信问题导致跨国技术联盟解体、跨国技术联盟中成员企业的知识学习效果不显著等。此外，斯皮克曼等外国学者通过研究表明，跨国技术联盟的失败率高达60%，其他学者甚至认为这一概率达到70%以上，并且造成跨国技术联盟失败的主要原因在于成员企业之间没有进行有效的知识共享。跨国技术联盟成员企业在进行知识共享时，没有选择合适的知识共享模式，同时对于知识共享的管理不到位。

在跨国技术联盟知识共享中，知识的默会性、复杂性、独特性等特性从客观上影响了联盟成员企业之前的知识共享效果。此外，跨国技术联盟成员企业在知识结构上存在着差异和信息的不对称性，知识拥有方对于知识垄断的倾向等也导致了联盟知识共享的不理想状态。跨国技术联盟成员企业之间的知识共享与组织内的知识共享不同，联盟成员之间的知识转移和知识共享缺乏强制命令或相关的管理手段来提高知识拥有方的知识共享意愿。同时，由于文化、语言、国别、宗教等差异的存在，使得跨国形式下的技术联盟知识共享的过程更加复杂。

由此看来，跨国技术联盟知识共享存在着诸多问题，而跨国技术联盟成员企业的知识共享效果又直接影响着跨国技术联盟的成败。因此，怎样促进和管理跨国技术联盟知识共享成为需要解决的问题。为了实现联盟成员的有效知识共享，提升跨国技术联盟成员企业的绩效，有必要对跨国技术联盟的知识共享模式进行研究。本书基于对跨国技术联盟知识共享不同标准进行划分，提出了跨国技术联盟知识共享的五种不同模式：跨国技术联盟同一价值链层次上的知识共享模式、跨国技术联盟上下游价值链层次上的知识共享模式、跨国技术联盟伙伴间的对称型知识共享模式、跨国技术联盟伙伴间的非对称型知识共享模式以及跨国技术联盟形成、运作和重构阶段的知识共享模式。同时，对每一模式进行了分析和构造，以期对跨国技术联盟成员企业知识共享提供模式借鉴，从而通过跨国技术联盟知识的有效共享实现跨国技术联盟成员企业各自的目标和联盟的整体目标。

第4章　跨国技术联盟不同层次的知识共享模式

4.1　不同层次知识共享模式提出的背景及解决的问题

4.1.1　不同层次知识共享模式提出的背景

在企业的跨国技术联盟中，最常见和最基本的联盟分类是将它们分为横向跨国技术联盟和纵向跨国技术联盟。在企业组成的跨国技术联盟中，各个企业不一定都从事同一行业或类似行业的生产经营和销售服务。若成员企业生产同一类产品或者相似产品，那么他们是处在同一价值链上的企业；相反，一类企业为另一类企业提供零部件等产品，则他们处于上下游价值链层次上。所谓的横向跨国技术联盟，即是处在相同价值链上的企业之间的横向连接。这种跨国技术联盟通常以研发联盟、生产联盟和营销联盟的形式存在。这些联盟企业之间经常存在竞争或潜在竞争。垂直跨国技术联盟是不同价值链层面上下游企业之间的纵向联系。这种纵向跨国技术联盟一般存在于供应链联盟、服务链联盟和品牌联盟等联盟形式下。在不同的跨国技术联盟组织形式下，企业会对于知识共享模式的选择是不相同的，因此形成了跨国技术联盟企业知识共享的不同层次，并可以将其分为同一价值链层次上的知识共享模式和上下游价值链层次上的知识共享模式。

4.1.2　不同层次知识共享模式解决的问题

当某一企业有知识需求时，若选择外部交易会承担较高的成本和较大的风险，而组建跨国技术联盟实现知识的共享能够实现企业在跨国环境下知识的共享和知识的转移。但是，联盟成员企业所处的价值链不一定相同，比如，丰田处于汽车销售链上，而其供应商则为其提供零部件等产品，处于丰田的下游供应链上。这样看来，组建跨国技术联盟的企业不一定生产销售同一种产品，他们可能处于同一价值链层次上或上下游价值链层次上。对于不同层次上企业组建跨国技术联盟进行知识共享其侧重点是不同的，因此对其知识共享模式的分析也是不同的。不同层次知识共享模式能够在一定程度上解决处在不同价值链层次上的企业之间组建跨国技术联盟进行知识共享活动存在的问题，并为这些处在同一价值链层次上的跨国技术联盟成员企业提供知识共享的借鉴，帮助他们合理利用联盟知识并提高跨国技术联盟的成功率。

在同一价值链层次上，后文主要分析了跨国技术联盟成员企业的知识共享逻辑模型和知识共享的作用模型。逻辑模型主要是分析跨国技术联盟成员企业怎样进行知识共享的，主要包括了建立跨国技术联盟知识库、跨国技术联盟知识社区和跨国技术联盟知识共享平台等、逻辑模型主要梳理了知识是以怎样的方式进行共享和传递，实际上是对知识共享的宏观分析；而知识共享的作用模型，则是对知识是怎样转化的分析，即显性知识到隐性知识、隐性知识到显性知识、显性知识到显性知识、隐性知识到隐性知识的转化，实际上是对知识共享的微观分析。

在上下游价值链层次上，后文主要分析了跨国技术联盟成员企业的知识共享需求模型和知识共享的过程模型。需求模型主要是指在上下游价值链上，由于企业处在不同的位势，对于知识的需求类型也是不同的，主要有供应商对制造商的知识需求、制造商对供应商的知识需求、销售商对制造商的知识需求和制造商对供应商的知识需求；过程模型是联盟成员企业进行知识共享的宏观过程，包括知识的筛选、知识的共享、知识的应用等过程。

通过对于跨国技术联盟不同层次上知识共享的模式研究，帮助处在同一价值链层次上和上下游价值链层次上的跨国技术联盟成员企业实现知识的有效共享，并提高跨国技术联盟成功率。

4.2 跨国技术联盟同一价值链层次上的知识共享模式

在跨国技术联盟中，同一价值链层次上的知识共享模式是指处在相同价值链层面上的相似企业之间所组成的跨国技术联盟并进行知识共享的模式。通常情况下，处在同一价值链上的相似企业之间往往存在着激烈的竞争关系，他们之间的竞争多于合作。但是，在这种跨国技术联盟形式下，各成员企业之间的知识互补优势强，可形成互补性结构。这些企业可以通过跨国技术联盟形成行业中的独特经营优势，这样，有着共同利益目标的企业之间不得不通过组建跨国技术联盟这样一种组织形式进行知识共享来扩充企业知识，从而可以扩大同一价值链层次上企业的影响力和竞争力。通过这种方式，参与跨国技术联盟的成员企业可以从联盟伙伴那里得到自己所缺少并需要的知识以提升自身的竞争优势。

4.2.1　跨国技术联盟同一价值链企业间知识共享的逻辑模型

处在同一价值链层次上的跨国技术联盟成员企业之间的知识共享包括了知识的获取、知识整合、知识存储、知识的使用和知识的更新。基于同一价值链层次上成员企业间知识共享的主要流程，本章给出了一个知识共享的逻辑模型（如图 4-1 所示）。以下分析该模型中的几个重要步骤。

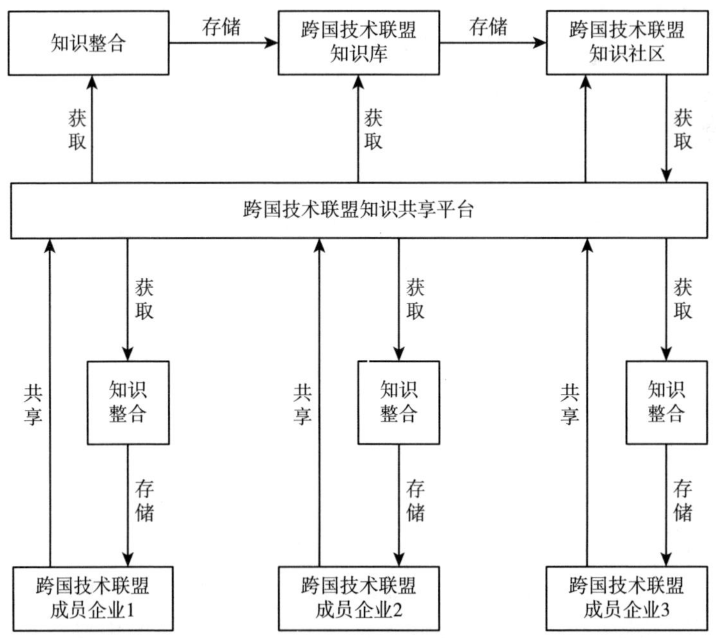

图 4-1　跨国技术联盟成员企业间知识共享的逻辑模型

（1）建立跨国技术联盟知识库。

由于在跨国形式下组建联盟涉及的国别差异、文化、语言、习俗、宗教等方面也有着明显的区别，因此在建立同一价值链层次上的联盟知识库时，有必要对联盟成员企业其各自现有的知识进行加工、提炼和编码，形成规范化和体系化的知识资产。具体来说，包括以下三个方面的流程：①知识的获取。在联盟成员企业所组建的知识库中，知识主要包括两大类：一类是来自联盟中成员企业的知识，包括了联盟成员企业内部各部门的资料、联盟成员员工的技能和经验以及其产品和技术等；另一类则是来源于跨国技术联盟企业外部的知识，其中包括了社会公共知识、各企业顾客的产品和服务反馈以及竞争对手的状况等。②知识的整合。在上一阶段中获取的知识，由于其信息量大、知识种类繁杂，而且这些大量的知识往往呈现碎片化，并且由于语言文化差异的存在，知识的复杂性更加突出，所以有必要对这些繁杂的知识进行整理、分类和合并。按照这些知识不同的类别和性能对其进行编排和整理，可以使有效知识结构化和有序化，使联盟成员企业有效地查找、识别和运用。③知识的分类。知识的重要程度对于不同的联盟企业是不同的，有的知识涉及核心商业机密，关乎企业的核心竞争力，因此对于这种知识只有少数联盟企业可以获取。有些知识则是无关企业核心竞争力的，这样的知识一般可以为大多数乃至所有联盟成员所拥有。由此看来，知识的重要程度不同，知识的获得者也不同，因此有必要对联盟知识库中的知识进行分类，对不同的联盟成员设置不同的访问权限。

（2）建立跨国技术联盟知识社区。

由于能够在跨国技术联盟知识库中获取的知识资源大部分是可以用语言、文字、图像等方式表现的显性知识，而隐性知识则很少，所以可以建立跨国技术联盟知识社区，如论坛、博客以及留言板等，以实现对于隐性知识的共享。跨国技术联盟成员企业不存在于同一地区，他们分布在不同的国家，而跨国技术联盟知识社区是一个开放的网络平台，其成员和员工不受地理、级别、语言和文化的影响，随时随地对自己感兴趣的知识板块进行交流、探讨，在交流和知识共享中实现知识的创新。

（3）组建跨国技术联盟知识共享平台。

知识共享平台主要包括知识共享网络和知识地图建设。同时在互联网的基础上网络体系进行知识共享和知识转移，能够使的联盟中成员企业知识系统之间、联盟成员与组织系统之间的交互联系。在知识库和知识社区的基础上，处在同一价值链上的联盟成员企业还需要建立更为快速和有效的知识索引程序，这样可以应对不断累积的联盟知识。知识导引地图的主要作用就是对知识进行导航，它能够以简洁的方式显示出拥有知识的相关联盟成员及其员工，并能体现这些知识之间的相关动态联系。这样一种联盟知识地图可以提供知识的一整个框架，使联盟成员更准确、更高效地获取知识资源。这样，即使在跨国别的联盟中，成员企业也能及时获取处在不同国家的伙伴企业的动态知识，以及及时了解到其知识的变更。

（4）跨国技术联盟成员企业内部的知识整合。

在虽然跨国技术联盟成员企业获取到自身所需要的知识后，还要将所获得的知识与自己本身所具有的知识进行整合，摒弃无效知识，有时甚至要从新构建自己的知识体系。这样，才能够实现联盟成员企业内部知识库的更新并获得核心竞争优势。为了保持这种竞争优势，企业应不断吸收新知识、不断更新和整合知识体系。

4.2.2　跨国技术联盟同一价值链企业间知识共享的作用模型

跨国技术联盟企业间的知识共享是一个过程。在这一过程中，联盟成员企业对信息、技术等显性知识和经验等隐性知识进行交流和传播。这些知识相互转化并通过联盟组织进行整合和进行创新。在这一过程中，各联盟企业的竞争力和创新性得到提升。跨国技术联盟企业知识共享是以成员企业的知识存量为基础的，跨国技术联盟成员企业拥有的显性和隐性知识为知识共享提供了基础。知识共享通过联盟成员之间的相互联系和沟通促进了显、隐知识的相互转化，在这样的过程中，联盟知识的存量得到了增加，这也为新一轮的知识共享提供了知识基础。在跨国技术联盟中，同一价值链中企业之间的知识转移和知识共享是两个相互促进的过程，它们共同促进了跨国技术联盟知识的更新（如图 4－2 所示）。

（1）跨国技术联盟同一价值链知识转化。

跨国技术联盟同一价值链知识转化是指在跨国技术联盟形式下，处在同一价值链上的联盟成员之间的显、隐知识的相互转化。这种知识转化是联盟知识升华的基础，也是处在同一价值链的联盟企业知识共享发生的基础。本文以日本学者野中郁次郎（IkujiroNonaka）提出的 SECI 模型为基础来研究跨国技术联盟同一价值链上企业之间的显、隐性知识的转化。

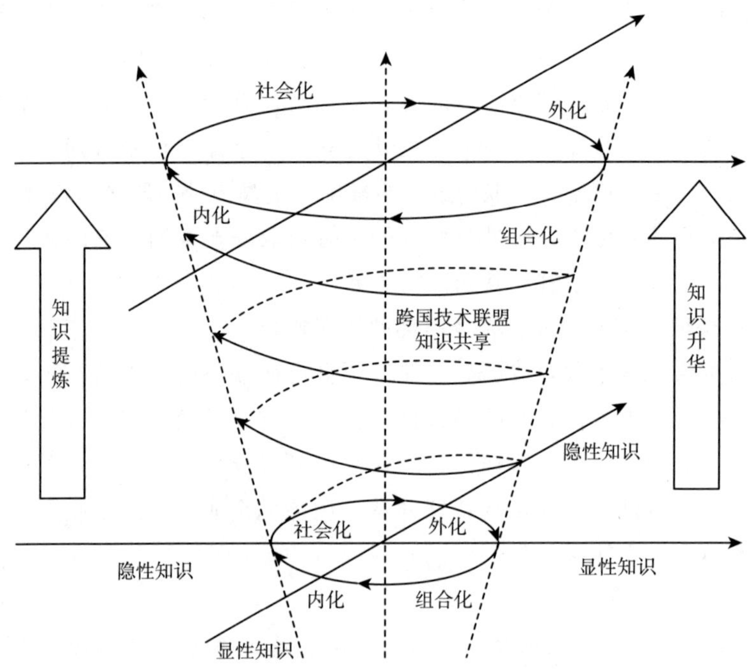

图 4－2　跨国技术联盟知识更新模型

①社会化是知识从隐性到隐性的过程。一般而言，隐性知识取决于个体的经验。介于隐性知识的特征，其传播和共享需要成员之间的沟通和交流，这一过程意味着个人知识上升到了集体的层面。由于大量知识的相互转化，推动了联盟内部企业知识的螺旋上升。但在跨国技术联盟中，成员企业也可以派遣人员进行视察以及共同开发某些跨国项目来获取这些知识。

②外化是知识从隐性到显性的过程。这一过程会使隐性知识转变为可以表达的显性知识。创意和经验等可以通过语言、文字、图像等形式表达出来，这是知识被表达并被吸收的过程，且在联盟成员企业之间传递和共享。因此，成员企业的隐性知识开始被澄清和编码，并从虚构知识转变为陈述性知识。这些概念知识得到充分表达并逐步澄清。这一过程即显性知识向隐性知识的转化不断丰富着跨国技术联盟的显性知识库，使联盟成员企业的知识产生更持久、更有效的作用。

③组合化是联盟成员之间显性知识的相互转化。在跨国技术联盟中，知识可以分为个人知识、部门知识、成员企业知识和跨国技术联盟内的知识。对于显性知识而言，可以通过联盟内部网络进行交换和整合。

④内化是同一主体中的显、隐知识的转化。这意味着联盟成员企业可以通过学习和应用知识来吸收自己的隐性知识，从而使其隐性知识库得以改进和扩展。企业外显知识内化后，以思维方式和技术方法的形式存在于联盟成员企业的无形知识库中，为下一次的企业技术创新提供知识储备。

从总体来看，跨国技术联盟同一价值链上的企业之间的知识转化可以总结为：个体的隐性知识通过外化成为显性知识、通过共享将显性知识整合成新的显性知识、联盟成员员工将新的显性知识内化为其隐性知识、联盟成员通过沟通和合作将隐性知识升华为企业内部的知识。这样，通过知识的转化和汇总，推动了联盟成员企业知识的螺旋上升，也为跨国技术联盟企业知识共享提供知识基础。

（2）跨国技术联盟同一价值链知识共享。

知识共享是在知识的拥有者和知识的需求者之间的知识传递和交流过程。但是不同知识拥有者所掌握的知识的深度和广度并不相同，因此这些知识所有者之间存在知识潜在的差距，即知识位势的差距。正是因为知识位势差距的存在，知识位势高、低主体之间能够进行知识的转移，从而促进了知识的传播和共享。而在跨国技术联盟中，知识共享实现的方式和途径更为便捷，因为有了联盟的存在为联盟成员知识的共享提供了更多的保障。

①从跨国技术联盟企业的角度来看，知识共享是个体层面与部门层面之间显、隐性知识的转化过程。从个人的角度来看，知识共享的内容为个人的经验、技术等，及时的交互是必要的。从部门的角度来看，知识共享的内容主要为显性知识。而个人知识能够通过跨国技术联盟内的知识共享得到升华，并且组织知识可以通过知识共享得到协同和整合，这样就为跨国技术联盟成员之间的知识共享提供了知识基础。

②从跨国技术联盟的角度来看，联盟的知识共享是在其成员企业中进行的，由于在成员企业之间进行知识传递会设计多种类型的知识，因此，联盟成员企业把其原有的知识按照一定的规则进行编码、整合，再将这些规则化的知识在跨国技术联盟这样一个平台进行共享。在这种知识转移和显、隐性知识的不断转化过程中实现了联盟知识的共享。联盟知识共享可以为企业创造更多知识。所创造的新知识可以与联盟的其他成员共享，因此这种循环最终会导致 SECI 在跨国技术联盟过程中的螺旋式上升。

4.2.3 案例分析

长春威尔自动化设备有限公司（以下简称“长春威尔”）是长春第一家为汽车制造领域提供工艺设备解决方案、制造运营和调试的供应商，同时，它还为其他公司提供夹紧技术方案等。长春威尔拥有一支高素质的工程团队，在应用技术、项目管理和技术支持等领域拥有丰富的行业经验。ADLES 是全球领先的测试设备供应商，专注于中国的业务发展。凭借强大的实力和广泛的测试行业经验，ADLES 能够提供最佳解决方案，以满足不同行业客户的测试需求。

由于进口设备国家不同、设备维修技术复杂以及进口设备维修服务市场秩序相对混乱，很多汽车维修企业组建跨国技术联盟，目的是寻找核心专业维修技术的知识转移。长春威尔在这样一种市场环境下，选择了与 ADLES 公司组建跨国技术联盟，以实现其企业目标。由于长春威尔和 ADLES 公司都是为制造商提供测试解决方案的供应商，因此，他们处在同一价值链上，该技术联盟属于同一价值链层次上企业间的跨国技术联盟。

在长春威尔和 ADLES 的技术联盟中，其知识共享活动的展开具有以下的特征：

从组织模式的角度来看，在联盟的过程中，两家公司为了对知识进行更细致和有效的管理，针对合作项目设置了项目经理，也就是知识总监来管理联盟内的知识。除此之外，两家公司还对合作内容进行了归类和管理，以促进联盟内部显、隐知识的传递和共享。同时，设置对技术联盟项目合作的过程结合实际的流程来规范知识板块，从而能够实现隐性知识到显性知识的转化。除此之外，联盟中的知识管理者还将提交阶段性的知识报告。

从技术模式来看，在长春威尔和 ADLES 公司的技术联盟中，关于专业维修知识的产生、存储等知识也有所涉及，所以对于这些知识就需要提供相关的技术支持。因此，知识主管和流程管理者在联盟知识管理中就起到了重要的作用，他们可以构建网络知识地图进行知识管理，同时可以使用 SharePoint 来实现资料管理，从而建立了知识仓库。SharePoint 是一个能够无缝连接用户、团队和知识的门户，将来自不同系统的信息集成到一个解决方案中，可以集成、组织和搜索个人、团队信息。此外，ADLES 公司还使用了 MSN 等工具为长春威尔公司技术人员提供在线指导，并为长春威尔工作人员提供相关技术服务和在线技术 BBS 通信，将推送技术与服务相结合。

从制度模式来看，联盟中的知识主管对于联盟内的拧紧技术人员和测量人员等的管理较为重视，对他们进行为期半年的技术培训。同时，这些培训的内容需要存储在联盟的知识库中，供成员企业和联盟员工的获取和应用。此外，技术联盟中的共享知识采用知识编码的方法，对知识进行分类，采用格式化描述，实现标准化管理。通过编辑质量手册、工作指南和其他文档，可以编码显性知识。鼓励业务骨干及时整理标准化模板的工作经验，积累联盟合作和知识共享活动的知识，并为联盟的知识库增添新的内容。

通过对于长春威尔和 ADLES 公司的技术联盟案例分析可以看出，处在同一价值链层次上的企业之间存在着相关领域技术的重叠和知识互补优势，通过建立跨国技术联盟开展知识共享活动，能够使得跨国技术联盟成员企业之间的知识得以整合，促进成员企业的技术升级和创新。

4.3　跨国技术联盟上下游价值链层次上的知识共享模式

不同价值链层次上的知识共享模式是指基于不同价值链层面上的上下游企业间所组成的跨国技术联盟而进行知识共享的模式。在大多数情况下，处于不同价值链层面上的企业多为上下游企业，这些企业之间为一种合作关系。就说明这些联盟成员企业之间不是直接的竞争者，或他们之间不存在潜在的竞争。在跨国技术联盟中，上下游的联盟成员企业所拥有的知识相似程度低，核心业务和能力重叠较少。因此，联盟成员伙伴间的知识互补性较强。联盟成员公司根据知识库和核心业务能力在价值链中形成不同的专业方向，然后通过跨国技术联盟将价值链与分散在不同企业之间的比较优势结合起来。在此过程中，它还将导致联盟伙伴之间日益增加的依赖性和频繁的知识共享活动。上下游价值链中联盟成员之间的知识共享可以增强其核心知识和业务能力，增强竞争力，整有利于提升价值链的优势并促进价值链上企业的整体发展。在跨国技术联盟的上下游价值链中，我们着重分析供应商、制造商和销售商这几个层面的知识共享关系（如图 4－3 所示）。

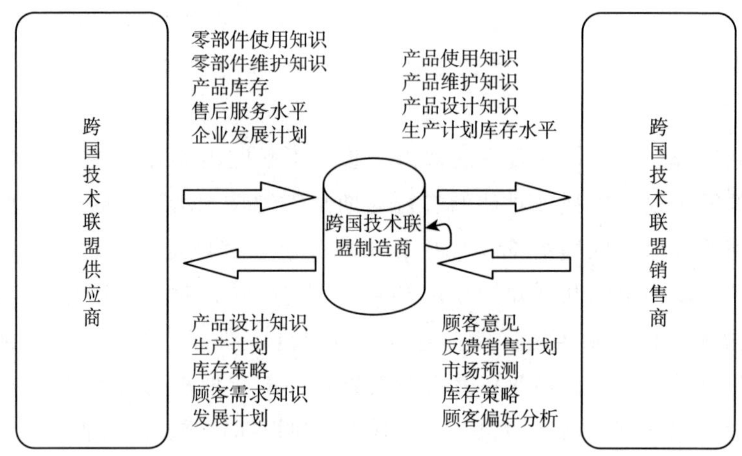

图 4-3　跨国技术联盟上下游价值链企业间知识共享的需求模型

4.3.1　跨国技术联盟上下游价值链企业间知识共享的需求模型

(1) 制造商对供应商的知识需求。

在跨国技术联盟形式的上下游价值链中，制造商对供应商的知识需求在于对所购买产品零部件的使用和维护知识。此外，由于产品零件供应存在着不确定因素，制造商也需要及时获取供应商的产品库存等信息，以便更好地应对生产等问题。在很多情况下，制造商也有必要知晓供应商的未来发展规划，以便做出合适的决策。

(2) 供应商对制造商的知识需求。

供应商需要得到制造商的产品设计知识和顾客的需求信息，以便更好地参与产品设计、满足客户的需求和按质按量交货。此外，为了提高上下游企业之间的协同能力，供应商还需要从制造商那里获得有关其生产计划和库存的信息，这更有利于他们的生产决策。

(3) 制造商对销售商的知识需求。

对于制造商来说，在进行产品设计、制定生产计划时，通常需要取得顾客对于产品的期待、反馈信息和偏好等信息，这些知识大部分源于制造商。获得这些信息可以帮助制造商更好地进行新产品的研发、提高企业的技术水平并降低各种生产成本。此外，在进行产品的市场预测时，制造商还需要从供应商处获取销售信息。在制订生产计划时，制造商应参考销售商的市场预测、库存计划等。

（4）销售商对制造商的知识需求。

除了产品本身之外，销售商除还需要从制造商处获取产品的使用和维护知识。销售商处于价值链的下游环节，对于顾客的需要有更多的知识，但销售商也非常需要制造商的产品设计知识，以更好地协同整个价值链的发展。此外，销售商还需要参考制造商的生产计划和库存水平，并根据其规模制定自己的产品生产计划。

4.3.2　跨国技术联盟上下游价值链企业间知识共享的过程模型

上下游价值链企业间知识共享的过程模型如图 4－4 所示。分别为跨国技术联盟层、知识筛选层、知识共享层和知识应用层。

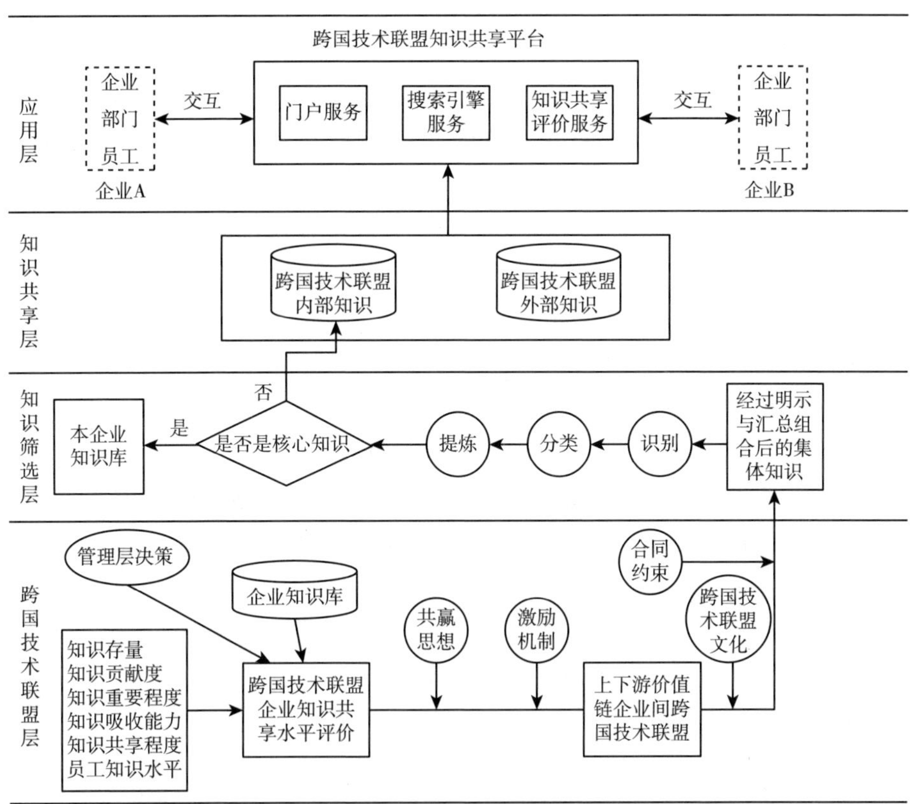

图 4－4　跨国技术联盟上下游价值链企业间知识共享的过程模型

（1）跨国技术联盟层。

跨国企业在组建跨国技术联盟时，影响联盟伙伴选择的因素要比在国内环境下涉及的多，如文化、语言、风俗、宗教等。因此，要建立一套比较完整的联盟伙伴选择标准体系，其中包括联盟知识共享的水平标准。此外，为了确保跨国技术联盟的稳定性和知识共享的有效性，有必要建立相应的运作和保障机制，如建立激励机制、监督机制和文化差异管理机制。

（2）知识筛选层。

知识筛选对于组建跨国技术联盟是不可缺少的。企业在跨国形式下对于知识的筛选更加复杂，不仅要对语言进行转换，而且要通过筛选对不同的语言涉及的文化的适用程度进行辨别。在这一层次上，企业要对知识进行筛选，既包括哪些知识可以共享又包括哪些知识可以吸收。将各联盟企业共享的知识进行归纳、提炼和整合，形成跨国技术联盟知识库，为各联盟成员提供知识来源。

（3）知识共享层。

知识共享层是上下游价值链层次上跨国技术联盟企业知识共享的核心。在这一层次上，知识按照一定的规则存放，这些知识包括来自上下游价值链层次上跨国联盟成员企业的显性知识、来自外部的有利于联盟企业创新的知识，如竞争对手的状况等。知识共享层不同于不同的数据库，其中的知识是按照一定的规则进行排序或编码的，这样更有利于联盟成员有针对性地对知识获取和利用。

（4）应用层。

在应用层中，企业可以更加便捷高效得获取到其所需要的各种知识。在知识共享平台上，知识门户服务可以为各联盟成员企业制定针对性的界面和程序，方便企业进行知识的交流；搜索引擎服务能够为各联盟成员提供不同类型的搜索方法，使成员企业更高效、更便捷地定位知识；知识共享评价服务可以评价联盟成员企业在跨国技术联盟中的贡献程度和作用程度。此外，跨国技术联盟由于不同企业的环境差异，还要针对不同的语言、风俗、文化、政治等因素进行知识的适应和知识的应用。

4.3.3 案例分析

丰田自 1933 年成立以来，经过 80 多年的发展，已成为世界上最大的汽车制造商之一。丰田公司成功经营与发展的关键因素在于其注重与上下游价值链企业的长期合作与知识共享，并建立了供应商技术联盟，为丰田的汽车制造提供技术资源基础。丰田的供应商分为主供应商和其他供应商，他的主供应商主要为其提供零件，而在主供应商下，还设置了二、三、四等级的供应商。在这样一种供应模式中，丰田公司的供应链形成了一个完备的体系。通过上下游价值链企业之间的技术联盟和知识共享，提高了企业的运营效率。

丰田公司与其供应商的技术联盟形式经历了一个由松散到紧密的过程，同时，跨国技术联盟知识共享活动也有着明显的阶段性特征，其主要分为三个阶段：

初期，丰田与其供应商之间的联盟是松散的，主要进行显性知识共享。在供应链体系建立之初，上下游企业之间的知识共享几乎没有。而丰田建立了供应商协会，为联盟成员之间的信息沟通和交流提供了平台。但是在这个阶段，信息的传递主要集中在零部件方面，这实际上主要是显性知识的传递。而且，供应商对联盟的认同感并不理想，之所以参与该协会主要是希望从丰田公司获得更多订单。

在中期阶段，丰田与供应商关系密切，知识共享活动的范围涉及隐性知识。为了实现丰田与供应商之间的隐性知识共享，丰田成立了一个小组来处理各种问题。同时，为了使供应商学习自己的生产系统，派出了专业人士进行指导，这样就实现了知识的转移。专业人士的指导使各供应商运用丰田生产系统的效率得到了提高，供应商对于丰田的信任增加。这为下一阶段的知识共享活动奠定了基础。

在联盟成立的后期，为了有助于联盟中知识传播和转移，丰田公司采取了增强供应商多边关系的措施。此阶段联盟成员之间的信任得到加强，成员企业对于学习联盟知识和分享企业自己的知识都有很强的积极性。这就使供应商之间的网络关系建立了起来，并在供应商之间形成二级网络。该网络拓宽了联盟知识共享的路径，并使丰田及其供应商之间的信任关系得到加强，同时，联盟成员企业自愿与其他成员分享互补性知识。

在丰田与其供应商的技术联盟中，开展知识共享活动的方法和手段主要表现在：

一方面，丰田建立了供应商协会，并提供了一个知识共享平台，以实现各种知识的共享。丰田公司在美国和日本建立了供应商协会，该协会的成立为丰田公司及其供应商的信息交换提供了便捷的途径。在该协会中，联盟成员主要是实力较强、创新能力突出的企业，这些企业的知识为丰田公司提供强有力的技术支持。除此之外，该协会能够促进丰田公司及其供应商的协作程度和知识共享程度并分享独家知识和技术。丰田的供应商协会通过定期举行会议来交流经验并分享相关的创新技术，通过这种方式能够帮助丰田供应商们不断改进生产运营，并取得了显著的效果。

另一方面，为了实现丰田公司的及时生产，还设置了黑箱零部件系统。所谓的黑箱零部件系统，就是指零部件的生产规格等基本信息来源于汽车制造商，供应商可以根据这些信息来制造零部件。丰田公司通过黑箱零部件系统，向其供应商提供关于零部件的规格、样式、基本参数等信息，使得各供应商在得到其共享的知识后能够生产出符合标准的零部件产品，从而巩固了联盟的合作和知识共享。通过黑箱零部件来实现知识的共享，丰田公司不仅可以对汽车的工艺流程进性调控，还能够发挥供应商在零部件制造方面的专长。同时，对于各供应商来说，在联盟知识共享过程中，不仅可以积累经验形成自己的竞争优势，通过技术交流还可以及时发现潜在的问题并及时解决以提高零部件质量。

通过对于丰田公司供应链联盟的分析，可以看出，上下游价值链层次上企业间的技术联盟知识共享活动对于各联盟成员企业的发展有着积极的影响。

4.4 本章小结

本章根据跨国技术联盟成员企业所处层次的不同，为跨国技术联盟成员企业提供了同一价值链层次上的知识共享模式和上下游价值链层次上的知识共享模式。当跨国技术联盟成员企业处于同一价值链上时，要注意建立合适的联盟知识共享平台，包括建立跨国技术联盟知识库、跨国技术联盟知识社区等，注意对知识的归纳、整合和应用，才能够有效地实现跨国技术联盟内成员企业之间的知识共享。而当跨国技术联盟成员企业处于上下游价值链层次上时，要注意各个企业对于知识的需求是不同的，如制造商需要从供应商处获得零部件的知识，而供应商需要从销售商处获得关于顾客偏好等知识。因此，有必要对知识进行筛选和整理，通过对知识的识别，获取并应用成员企业所需要的知识，这样能够提高跨国技术联盟内知识共享的效率，提高其联盟成功率。

通过对于长春威尔和 ADLES 的跨国技术联盟案例分析可以看出，它们处在同一价值链层次上且都是汽车制造领域的供应商，通过组建跨国技术联盟，长春威尔和 ADLES 公司建立了知识地图、知识仓库和对知识进行整合和编码，实现了联盟内的知识共享并取得了联盟的成功。同时，这也印证了前面所述跨国技术联盟同一价值链层次上知识共享模式的有效性。

通过对于丰田及其供应商的跨国技术联盟案例分析可以看出，他们处在上下游价值链层次上，丰田和其供应商在联盟中的知识需求是不同的，因此建立了供应商协会、黑箱零部件系统以及一些关系网络，联盟成员企业各自获取所需求的知识，实现了联盟内部的知识共享，也取得了跨国技术联盟的成功。同时，这也印证了前面所述跨国技术联盟上下游价值链层次上知识共享模式的有效性。

第5章　跨国技术联盟不同范围的知识共享模式

5.1　不同范围的知识共享模式提出的背景及解决的问题

5.1.1　不同范围知识共享模式提出的背景

企业在组建跨国技术联盟时，在跨国技术联盟中所处的地位是不同的。有的企业在跨国技术联盟中既进行知识共享和输出，又有对知识的需求和学习；而有的企业在跨国技术联盟中只进行知识的学习或者只进行知识的输出这样一种单向的知识转移。在这种情况下，可以看出跨国技术联盟成员企业在联盟中处于信息对称地位和信息不对称地位。因此，可以根据跨国技术联盟成员企业知识共享的范围不同，将跨国技术联盟知识共享分为对跨国技术联盟伙伴间的对称型知识共享和跨国技术联盟伙伴间的非对称型知识共享。基于此，本章提出了跨国技术联盟伙伴间的对称型知识共享模式和跨国技术联盟伙伴间的非对称型知识共享模式。

5.1.2　不同范围知识共享模式解决的问题

企业在选择组建跨国技术联盟后，在跨国技术联盟中的地位是不同的。正如前文所述，有的企业对于知识的共享是单向的，而有的企业对于知识的共享是双向的，即既提供知识又获取知识。在这样两种对称型和非对称型的知识共享模式中，企业进行知识共享管理的侧重点有所不同。

在对称型的跨国技术联盟知识共享中，由于所有的跨国技术联盟成员企业都参与了知识的共享，即知识的贡献和知识的获取。由于他们之间的联系比较复杂，因此，在这样一种知识共享模式中，要重点对各联盟成员企业进行规范化的管理，也就是进行制度的建立来规范和激励联盟成员企业进行知识共享。出于企业核心知识泄露、核心竞争力下降以及其他影响本企业利益的考虑，许多跨国技术联盟成员企业以及企业内的员工对于向联盟贡献知识的意愿较小，甚至不愿意主动贡献知识。因此，有必要建立知识奖惩体系、知识晋升制度和知识补偿制度等来激励跨国技术联盟成员企业及其员工进行知识的贡献。

在非对称型的跨国技术联盟知识共享中，主要是盟主企业进行知识的贡献和知识的输出，其他企业很少甚至不进行知识的贡献而只获取跨国技术联盟内的知识。在这样一种模式中，盟主企业对于跨国技术联盟知识的贡献是重点要关注的，也就是盟主企业通过怎样的方式输出知识才能够有效地实现知识共享。基于此，本书在跨国技术联盟非对称型知识共享的模式下重点分析了其技术模式，包括了建立知识地图、数据仓库、知识推送技术、联机讨论数据库等，以此帮助企业通过多种途径进行知识的有效传递和共享。

通过对于跨国技术联盟不同范围知识共享的模式研究，帮助在跨国技术联盟中处于对称型和非对称型地位下的联盟成员企业实现知识的有效共享，以此提高跨国技术联盟的成功率。

5.2　跨国技术联盟伙伴间的对称型知识共享模式

5.2.1　跨国技术联盟对称型知识共享模式的概念模型

跨国技术联盟伙伴之间的对称型知识共享模式中，联盟的每个成员都需要分享他的知识，每个伙伴都将为联盟贡献自己的知识，并平等地参与知识共享。联盟成员企业可以学习彼此的有用知识，并增加自己的合作经验，进行有效的知识创新活动。这样，就能够使跨国技术联盟内的知识得以丰富和发展，这种对称型的知识共享模式其模型如图 5 - 1 所示。

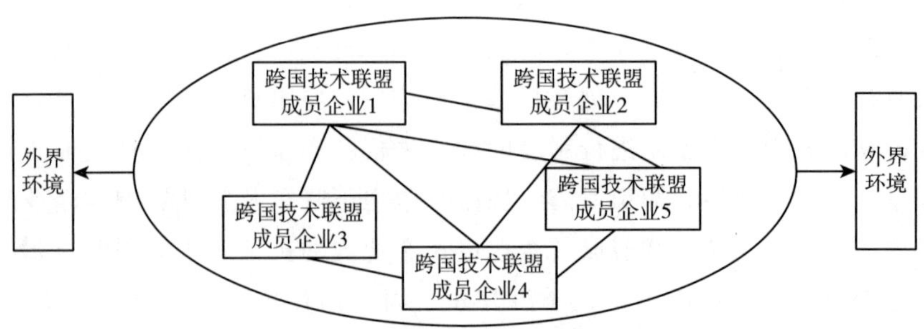

图 5-1　跨国技术联盟伙伴间对称型知识共享模式

在跨国技术联盟合作伙伴之间的这种对称型知识共享模式中，参与跨国技术联盟的合作伙伴企业不仅参与联盟内部的知识共享，还参与联盟与外部世界的知识共享。这些知识共享活动的主体涉及了联盟中的所有成员企业，即所有的联盟伙伴都在知识共享活动中贡献知识，通过共享活动会增加自己的知识存量。从理论上来看，通过这种对称型的知识共享，不仅跨国技术联盟中知识的总量会得以增长，而且使各联盟成员自身的知识结构得到优化。这样来看，这种模式是企业组建跨国技术联盟的最理想的知识共享模式之一。但在这种知识共享模式下，各联盟成员企业要有共同的知识共享目标，保障联盟的有效运作。同时，由于各联盟成员都要参与到知识共享的活动中去，成员企业的语言、文化等存在着差异，因此要制定一些规则和机制来保障知识的有效共享。

5.2.2　跨国技术联盟对称型知识共享的制度模式

(1) 建立知识奖惩体系。

在跨国技术联盟中之所以要建立知识奖惩体系，是因为联盟成员对于知识的供给是十分谨慎的，尤其是在跨国环境下，知识的共享面临风险更多。企业不仅要考虑核心竞争力方面，还要考虑伙伴企业国的经济、政治、文化环境等方面。因此，知识的共享意愿在这些因素的影响下可能会降低很多，这就有必要对联盟成员企业及其员工的知识共享活动进行约束并建立合理的知识奖惩体系。从内容上看，知识奖惩机制包括以下几个方面：第一，它体现在经济回报上。例如，知识补偿支付系统或知识产权选择系统可以在跨国技术联盟内建立。知识工资支付意味着对于某些预期会带来好处的知识，知识提供者可以增加工资或给予额外奖励以鼓励这种知识共享行为；第二，对于那些能够为联盟知识增长和创新提供帮助的员工，可以视情况进行奖赏，奖励方式可以是现金或者股权等。知识股权期权制度是指将一些具有明确知识利益的知识成果与员工的长期收益相关联，以鼓励员工分享知识。个体在知识共享中是获取信息并加以利用的关键，联盟成员企业要激励员工进行知识创新来增强企业的核心竞争力。应对有利于组织学习的知识管理活动给予适当的奖励；第三，对于那些不断创新和为知识共享做共享的经理以及对外派遣的员工也要进行合理的奖赏。激励措施要注意以满足员工的需要为目的。

①建立知识署名制度。

知识署名制度可以为跨国技术联盟成员企及其员工提供精神激励。尤其是在跨国环境下，知识所有者对知识进行共享后，更容易失去对知识的控制，加上地域差异、文化差异等，使知识源更不易获取。如果经济利益的刺激作用对于知识共享不是很有效，那么那些更注重名望的人和其他人就可以使用知识署名的方法来激发他们的知识共享行为。例如，可以以某联盟成员企业或其员工的名字来命名某工艺或某种技巧等。这样，可以能够加强联盟成员企业的名声，有利于其企业的发展。此外，知识培训也是精神激励的一种方式。这种知识培训更适用于的员工是那些对知识共享活动做出贡献、对于经济利益的刺激不是很敏感但是对于继续深造非常重视的成员企业员工。同时，对于这些员工，继续培训和进一步学习将使他们能够创造更多的新知识，从而形成知识的良性循环。

②建立知识晋升制度。

在跨国技术联盟中，已经获得丰富知识并且对经济激励不敏感的员工更适合使用晋升的激励策略。相反，对于那些无法实现跨国技术联盟知识管理目标、知识结构老化的员工，应采取淘汰制度，能够间接促进跨国技术联盟的知识管理。

在对于跨国技术联盟中，企业和联盟的知识能够以资产的形式表示，是有价值的。知识共享活动使知识免费使用，如果知识的贡献者并没有得到一定的回报显然是有失公平的。在联盟中，隐性知识的形成需要投入大量的成本。那些由联盟成员员工所共享的知识能够增加联盟的知识储备。但对于跨国技术联盟成员企业来说，知识的获取要以其他成本的投入为前提。如果知识共享使知识获取者免费获得知识，那么知识贡献者的先前工作就被否定了。

此外，知识共享导致短期内知识所有者数量的显著增加，而贡献者知识的相对价值迅速下降。跨国技术联盟知识成果的补偿机制包括员工知识成果的补偿机制和整个跨国公司知识成果的补偿机制。员工知识成果的补偿机制是鼓励员工创造更多的知识并分享，并将他们的知识和工作绩效与奖励联系起来。

③建立知识补偿制度。

为了奖励对于知识共享做出贡献的员工，有必要建立知识补偿制度，并为贡献知识的员工给予相应的奖励，是他们长期投资的回报。这种方法是以利益为导向的，并且在一定程度上可以消除知识转移对知识所有者负面影响的担忧。这种补偿可以是货币补偿或非货币补偿。跨国技术联盟企业可以通过以奖金的形式向组织或个人分享知识，建立知识共享奖金，奖励企业的利润部门。对于非货币的补偿方式，可以为知识贡献者提供更多提升技能的训练，通过培训提升能力。此外，由于联盟成员企业和员工会分析并比较贡献知识的损失和贡献知识得到的奖励，他们会选择有利的一方。因此，在联盟内部有必要建立一定的知识贡献补偿机制，使得个体和企业有意愿进行知识的共享。

④建立文化融合机制。

在跨国技术联盟中，由于企业文化之间存在着不可避免的差异，因此，在知识共享之前就要建立文化融合机制，从而减少文化差异对知识共享的不利影响。在跨国背景下，不仅要对语言进行转化，还要对知识所嵌入的国别、文化等适应，以提升知识共享的效用。文化融合就是促进具有不同文化的成员之间尊重并接受彼此的文化，使联盟的不同成员能够在保留差异的同时寻求共识。跨国技术联盟内部由于各企业文化的存在，会形成新的组织文化。在这种联盟文化中，各成员企业会将新的联盟文化进行传递和共享。此外，进行成员之间的沟通和联系是跨国技术联盟实现知识共享的必要条件。因此，不仅正式组织在技术联盟中具有重要的作用，而且非正式组织在知识共享中的作用也非常重要。

此外，对于企业对员工的工作评价来说，可以将参与知识共享的积极性或者对于知识的贡献程度作为其中一项的评价指标，必要时可以建立一套评价体系或激励机制。有效的激励机制应该是精神激励和物质激励的最佳组合。例如，巴合曼的方法是利用员工之间以及员工与企业之间的信任关系来激发他们的知识共享活动，可以针对企业内的不同级别进行设计。

（2）建立知识共享机制。

①编码化知识共享机制。

将跨国技术联盟中的不明确的知识进行加工处理并编码成为明晰的知识，然后在联盟中进行知识的共享活动，这是编码化知识共享机制的主要方面。在跨国技术联盟中，对知识进行编码是对缩小企业之间国别、语言、文化等因素造成的知识差距的有效途径。信息技术的作用在编码化知识的过程中尤为突出。在这过程中，电子数据库是一种重要的编码工具。例如，在开展业务时，Andersen 管理咨询公司面对不同需求的客户，其问题分析的过程基本相同，因为公司已经建立了一套完整的编码和知识存储系统。

②人际化知识共享机制。

在跨国技术联盟中，把知识的拥有者与不具备这些知识的人连接起来，在他们的沟通和交互中实现知识的共享，即人际化知识共享。如在处理一些复杂和非重复性问题时，没有可供参考的案例，因此可以通过专家沟通在联盟成员之间共享知识和经验。由于国别、语言差距，通过面对面沟通等方式更能够消除文化差距造成的知识偏差，从而使得共享的知识能够准确地应用到知识需求方。此外，建立临时项目团队和联盟内部培训也是人际知识共享的有效途径。根据人际交往的差异，人际知识共享模式可以分为两类：人－人（P－P）模式和人－人－人（P－L－P）模式。前一种方法是指通过面对面或视频在联盟中人们之间进行知识共享，这种方式更适合彼此熟悉且可以直接定位某个领域的人。后者意味着联盟内的人间接地相互联系，通过一些连接工具交换和分享知识。此连接工具可以是联系小组，帮助联盟内的企业找到他们所需的专家支持。

③知识地图引导知识共享机制。

在跨国技术联盟中，知识地图可以使成员企业知道在哪里可以找到所需的知识，并使成员企业以“拉”的形式获得有用的知识。此外，向知识地图添加新的编码知识可以使其他联盟成员参与知识共享并实现知识分类搜索和交流。对于跨国技术联盟的成员企业而言，最有价值的知识存在于不同企业员工的心中，而这些有用的知识往往以文件和不完整的琐碎知识片段的形式记录下来。跨国技术联盟中的组织可以以问卷的形式收集和组织这些知识到知识地图中，从而促进关联企业之间的知识共享。这种知识地图是联盟中组织对于各种信息和知识进行加工处理得到的系统化的概念和经验的集中表现，它们来源于跨国技术联盟中成员企业的实践，又反过来会指导成员企业的实践活动。

5.2.3 案例分析

TD－SCDMA（简称 TD）技术是中国大唐通信公司提出的第三代移动通信标准，称为时分同步码分多址接入技术。在 TD 技术联盟建立过程中，行业积极响应，其联盟成员在几个发展时间建立扩展到 100 多个。联盟成员包括华为、中兴和大唐等中国企业，以及国外知名企业等。由于 TD 联盟的成员彼此分享技术资源的知识，TD 联盟的知识共享活动属于对称型的知识共享模式。在 TD 联盟成立时，成员企业通过谈判和交流制定了三个核心文件，这些文件的制定为联盟的发展提供了制度保障。

在 TD 技术联盟的运作阶段，由于其联盟成员较多且都参与了知识共享活动，彼此之间共享专有技术和知识，因此，联盟对于知识的共享和知识的保护采取了一些必要的手段。

首先，从跨国技术联盟从成立之初就利用合约建立正式的联系。这些合约的签订有利于联盟中成员之间信任的建立，同时，成员企业对于伙伴的防范意识有所降低。这样一来，TD 联盟中的知识共享活动能够更加顺畅。并且在联盟中，成员企业必须实施统一的知识产权管理政策，分享更深入的技术信息和市场咨询。联盟成员企业各方均严格遵守相关的契约和规则，实现各自拥有的专有性 TD 技术由隐性向显性转化，从而促进知识共享。

其次，在 TD 技术联盟中，还建立了同一的联盟目标，这个目标就是对知识和技术进行创新。联盟成员企业不仅可以共享联盟的显性知识，还能够获取成员的核心知识。通过对于获取知识的整理和归纳，能够促进联盟成员企业之间共同研发并提升企业技术。除此之外，TD 技术联盟还成立了几个研究中心，并派出研究中心的优秀研发人员，这标志着联盟内部隐性知识的转移。此外，TD 技术联盟为联盟成员的知识整合提供了更高的技术平台，他们将开发的先进技术知识整合到自己的知识体系中。由此可见，对于 TD 技术联盟内的技术和知识，能够以显性化（TD 标准）和隐性化（R&D 技术人员流动）的形式储存到企业中。

再次，TD 技术联盟还通过一些制度政策对于联盟内的知识进行保护，在一定程度上也能够激励和促进成员企业的知识共享活动。由于联盟的共有知识主要以显性知识的形式存在，因此可以采用专利保护来防止侵权。在 TD

技术联盟成立之初，联盟实施了专利交叉许可制度，以减少进入壁垒，这对联盟的扩张起到了一定的作用。而随着TD技术进入商用阶段，联盟内部专利保护在坚持开放原则的前提下，对开放对象进行筛选，即对理事成员免费开放而对非理事成员不再免费开放，这样可在一定程度上保护联盟的专有知识。对于其他形式的知识资源保护，如隐性知识，则采用了人员控制和流程控制的方式。

最后，TD联盟还建立了知识利益分配机制。当知识保护机制失效时，知识利益分配机制可以发挥有效作用，从而在一定程度上激发联盟成员的知识共享活动。TD技术联盟内的核心企业通过专利交叉许可免费共享技术，并对非成员收费，为核心成员获取知识创造了条件。TD联盟在协议中规定非核心企业可以变卖其技术和知识，对于知识共享的预期收益可以以谈判的方式进行合理分配。分配比例的合理性在很大程度上决定了成员企业对于知识共享的积极性，因为若企业得到的补偿大于损失时，企业会更加愿意贡献知识。

通过对于TD技术联盟的案例分析，可以看出，当跨国技术联盟内部成员企业较多且都参与了知识共享活动，即存在着对称型的知识共享活动时，联盟内部有必要对知识的共享和保护建立一些制度保障。有效的制度保障能够在很大程度上提高联盟成员的知识共享意愿并发展联盟知识。

5.3　跨国技术联盟伙伴间的非对称型知识共享模式

5.3.1　跨国技术联盟非对称型知识共享模式的概念模型

跨国技术联盟形式下，根据知识共享的范围划分，另一种形式是盟主与其他成员企业间的非对称型知识共享模式。在这种知识共享模式中，盟主企业和其他企业在知识共享活动中具有不同的地位。盟主企业在联盟中充当知识的主要提供者，而其他成员企业主要充当知识的学习者。此外，盟主企业还要对其他联盟成员企业进行组织和管理控制，而其他联盟成员企业则主要进行知识的学习和消化，从而提高本企业的知识能力和经验技巧。当然，各联盟成员企业之间也存在知识共享活动，但并不是最主要的。盟主企业分享知识，成员企业吸收消化知识，联盟知识体系不断丰富和发展，这种知识共享模式为跨国技术联盟的深层合作和技术创新提供了更广阔的知识基础，其模型如图 5 - 2 所示。

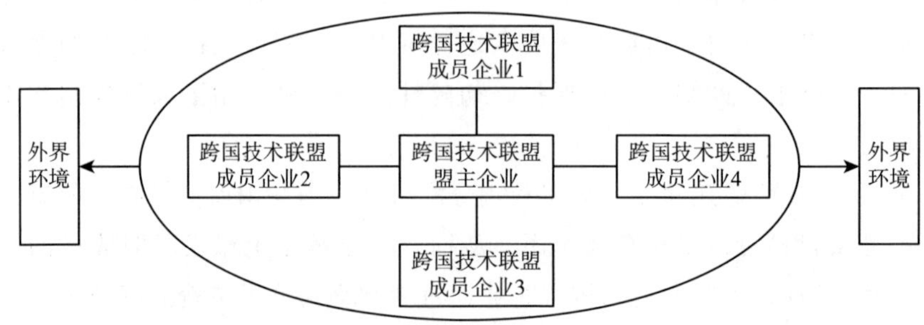

图 5 - 2　跨国技术联盟盟主与其他伙伴间的非对称型知识共享模式

在这种不对称知识共享模型中，联盟内的知识共享和联盟与外界的知识共享的内容主要是盟主企业所拥有的知识，并且起支配和协调作用的也是盟主企业。从理论上来看，非对称型知识共享模式能够使盟主企业在跨国技术联盟中的优势地位得以巩固和提升，而其他成员企业因为知识量的增加和技能的提高也会实现发展。但是，在这种模式下，盟主企业要具备一定的领导能力和协调能力，才能够更好地协调跨国技术联盟内部盟主与成员以及各成员之间的关系。因为在这种非对称型的知识共享模式中，知识共享活动主要是盟主企业在进行知识的分享和输出，所以，下面本书着重分析在这种模式中的知识共享技术模式。

5.3.2　跨国技术联盟非对称型知识共享的技术模式

在跨国技术联盟中进行知识共享活动，如果没有强大的现代信息技术的支持是很难实现的。在进行知识共享活动中，无论是显性知识还是隐性知识都需要借助现代信息技术来进行推进和传递。跨国技术联盟形式下的知识共享技术涉及知识在联盟内的产生、存储、共享、交流和评价等的信息技术。在跨国技术联盟形式下，知识共享的相关技术如图 5 - 3 所示。

（1）显性知识到显性知识的技术。

在跨国技术联盟中，显性知识到显性知识的共享是最直观也是最容易实现的知识共享活动。涉及联盟共享显性知识的技术主要有：知识地图、文档管理技术、搜索引擎技术、数据仓库、数据集市、知识仓库等。

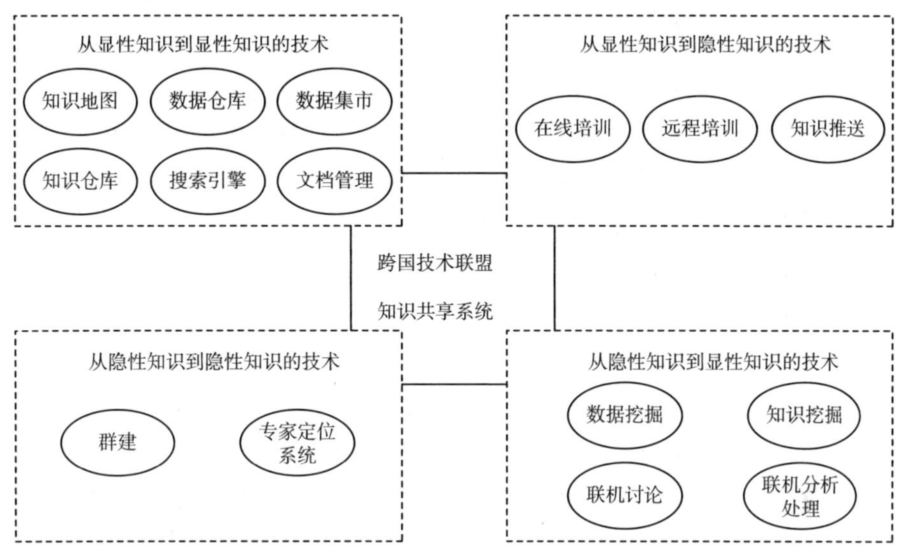

图 5－3　跨国技术联盟内知识共享的技术模式

①知识地图。知识地图就是将跨国技术联盟中的知识进行分类和编码，使联盟成员便于对跨国技术联盟中的知识进行索引并获取和运用，是知识库管理的核心。在跨国环境下，运用知识地图对知识进行处理，更能够消除地理差距、文化差距等等带来的知识共享障碍。知识地图的好处是便于企业寻找自己所需求的知识，节省知识寻求的成本，提高企业运作效率。在跨国技术联盟的知识地图中，可以对具有重要意义的联盟资料进行分类和存储，如文件数据、网页信息、文件管理系统、数据库等。

②数据仓库。数据仓库是一种面向主体的数据集合。在跨国技术联盟中，它具有集成性、非易失性等特点，并可以随数据时变和决策的支持。从其组织形式来看，数据仓库可分为基于数据表的存储模式、虚拟存储模式和多维数据存储模式。

③数据集市。在跨国技术联盟中，数据集市实际上是有着特殊程序的数据仓库，它比数据仓库更具有集中性。数据仓库与数据集市在功能和结构上很相似，但数据集市更具有针对性和特殊性，是为了某个部门或领域而设立的，且它一般用于更具有战略意义的层面。由于跨国技术联盟中的企业处在不同的国家文化、宗教信仰等环境当中，所面临的企业战略目标可能存在很大的差异，在这种情况下，数据集市的作用就比较突出。数据集市组建的标

准是多样化的，既可以按照主题来组建，也可以按照业务或者地理分布来组建。

④知识仓库。跨国技术联盟中的知识仓库也是面向主题的，它是包揽各种类型的知识库的集合，能够更及时、有序地满足各种用户的需求。知识仓库不仅包含知识库，还存储有关知识生成和应用的相关背景信息，使知识系统更加丰富和完善。这对于跨国背景下的联盟具有现实意义，因为联盟成员企业由于国别不同具有不同的文化背景。正是拥有了这样的特性，使知识仓库具有了将特定知识与其过程和未知情况相匹配的能力，也是使知识具有了创新能力。

⑤搜索引擎。搜索引擎技术使得跨国技术联盟中的成员企业可以更加快捷、准确、全面地定位到自己所需要的知识资源。该技术极大地提高了跨国公司知识共享活动的效率。对于知识的跨国别、远距离的共享和转移具有重要的意义。

⑥文档管理技术。在跨国技术联盟中知识共享系统的文档管理系统中，各种题材文件资料都有所包含，包括产品说明、设计档案、工作报告等。除了知识存储外，文档管理技术还提供了将文档打开、编辑等服务。同时，它还具有管理文档外部特征的功能，可以根据文档的外部特征自动提取和检索。

（2）显性知识到隐性知识的技术。

在跨国技术联盟中，联盟成员企业对于隐性知识的获取也是知识共享活动的重要组成部分，同时，隐性知识的获取是知识获取的基础和前提。跨国技术联盟中的知识管理系统不仅要具备信息检索的功能，还要具备信息处理和使用的功能。

①在线培训和远程培训。在线培训和远程培训能够为跨国技术联盟内知识共享提供更多的渠道。在跨国技术联盟中，成员企业受到地理和时间差异的限制，这使得知识共享具有客观障碍。在线学习为知识共享活动提供了便捷、高效的途径，同时，它无须旅行便可进行知识的共享和交流，在时间上也可进行协调。在跨国技术联盟的培训中，现在更多的是强调知识的自主学习，而在线培训和远程培训就为这种自主学习提供了可行的模式。

②知识推送技术。知识推送技术是跨国技术联盟形式下知识共享个性化服务的重要形式和研究领域。知识推送技术与知识库等形式最大的不同在于，知识推送技术是一种主动的知识获取方法。联盟成员企业的知识管理部门可

将知识根据其他伙伴成员的需求特征推送到其面前。由于在跨国技术联盟中，各成员企业的语言、文化等存在差异，因此知识的推送可以与用户界面相结合，制定用户界面的个性化模式，使知识共享活动更具有针对性。

（3）隐性知识到隐性知识的技术。

在跨国技术联盟中，面对面地交流经验和技巧是联盟成员企业之间隐性知识共享最典型和普遍的方式，但这种方式缺乏正式性，且信息技术在这种方式中的收效并不大。但是，随着各种新型科技成果在跨国联盟知识共享中的应用，使用联机工具或者互联网远程操作等进行会议和成员之间的交流，可以实现隐性知识的交流和共享。

①群建。群建，是跨国技术联盟中提供成员伙伴协同工作的软件，它包括了信息共享、网络会议、群建文档、数据库等要素。在群建中，数据信息可以被所有成员获取和使用，而且通过对于群建中知识资源的管理，可以有效提高知识共享的效率。在群建中，可以允许多个用户编辑一份文档，这样为数据和知识资源的更新工作带来了便利，但同时面临着知识篡改的风险。经验的共享是隐性知识共享的重要形式之一。在跨国技术联盟中，群建可以提供一个虚拟的空间，使各伙伴企业可以进行某些经验的交流和共享，实现远程的知识共享。

②专家定位系统。在跨国技术联盟中，成员企业面临的文化等环境不同，所以所需知识的类型是不尽相同的，而专家定位系统为实现具有相同知识需求的联盟成员提供了隐性知识共享的途径。处在不同的国家、文化背景下的具有相同知识需求的联盟成员企业可以组成不同类型的知识社区进行知识共享活动。专家定位系统就为定位这些具有相同知识需求的联盟成员企业提供了一种有效的方式。

（4）隐性知识到显性知识的技术。

①数据挖掘技术。对于跨国技术联盟中的隐藏的且有潜在用途的信息，可以通过数据挖掘技术进行获取。通常情况下，这些隐藏但有价值的信息存在于大量实际数据中，可以通过图形等形式进行表达。但是，这些被挖掘出来的知识不一定能够被直接利用，因此，还要对这些知识进行辨别和筛查等工作，将通过鉴别的知识放到跨国技术联盟的知识库中，以丰富联盟的知识和资源基础。

②知识挖掘技术。在跨国技术联盟形式下，知识挖掘是按照一定的目标，通过对联盟中的大量数据进行分析和处理，筛选出有效且有价值的知识的过

程，挖掘出的知识以一种可显示的模式呈现出来。知识挖掘不仅是对显性知识的提取，而且是对大量显性知识中存在的隐性知识的挖掘。跨国技术联盟中知识挖掘的主要功能包括数据分类、数据汇总、数据聚类等。

③联机讨论数据库。对于一些隐性知识而言，联机讨论数据库能够帮助获取并应用到实际的工作中去在跨国技术联盟中，联盟成员公司可以使用团队建设来分享知识。为了使知识的外部化更为有效，联盟成员可以采取更为自由的信息交流形式，就像聊天或者实时交互模式等。联机讨论数据库能够在很大程度上克服跨国环境下企业之间的距离障碍和文化差异障碍。尤其这种方式能够消除地理差异带来的时间差异，帮助企业及时有效共享知识。在这种过程中所产生的数据可以被存储到联机数据库中去，帮助联盟成员企业解决实际问题。

④联机分析处理技术。联机分析处理技术能够使联盟中的分析师通过不同的观察视角快速地访问信息，且从多角度分析，从而加深对信息的理解。联机分析处理技术是一种软件技术，它能够分析特定的问题。其主要功能包括交互式数据处理和分析、建模工具等。

5.3.3 案例分析

我国核电的发展一直以来由于技术流派的繁杂发展缓慢，为加快核电产业发展，实现更高水平的核电创新，国家自 2003 年开始就组织了第三代独立核电项目招标活动，2007 年与美国和日本签订了项目合同书，标志着沈鼓—西屋 AP1000 技术联盟的成立。协议规定，西屋公司拥有该项技术的知识产权，在中国使用 AP1000 技术不受产权限制，但中国不拥有产权。在中国、美国和日本以外的国家使用该项技术时必须采取合作的形式。由于在沈鼓—西屋 AP1000 技术联盟中，主要由美国提供技术和知识资源，因此，该跨国技术联盟中的知识共享活动属于非对称型的知识共享模式，即美国是主要知识的授予方，而日本和中国是知识的获取方。

西屋公司在沈鼓—西屋技术联盟中是知识共享活动中的知识提供者，且它的知识共享意愿和知识管理能力较强。作为知识的接受者，沈鼓集团的主要特点和优势在于其具有丰富的国际合作经验，并且在人才管理方面的能力比较强。西屋和沈鼓集团的知识互动使得隐性知识得到了共享并取得了周期性的成果。在西屋的知识转移过程中，有以下特点：

从隐性知识的本质来看，西屋 AP1000 技术作为最具竞争力和技术的共享，在组织和个人的转移中存在着许多隐性知识。但从联盟运行来看，沈鼓公司提供的 AP1000 技术的材料有图纸、文件、数据等显性知识，这些显性知识在其联盟运行中占很大比例。此外，由于显性知识易于表达和传递，西屋公司与中方的技术交流还采用了专家培训等方式。可以看出，显性知识在沈鼓—西屋技术联盟中所占比重的提高使得联盟成员之间的知识转化和知识共享效率得到了提高。

在沈鼓—西屋技术联盟内建立良性互动机制是知识共享和知识转化的显著特征。在西屋公司承担核岛设计技术责任的前提下，中外各方共同设计了美国的一些项目，如 AP1000 核电站布局和场地设计，由中方分包。沈鼓派出大批工程师及相关人员到美国西屋参加核电机组联合设计，并通过培训学习 AP1000 技术。同时，西屋公司的相关技术专家经常来中国进行现场技术指导，随时回答和解决相关技术问题。联盟成员之间的沟通顺畅多样，如电话会议和随时举行的高级别会议。在人员培训方面，西屋公司根据每个阶段的目标展开员工培训，从而促进了联盟内隐性知识的转化。

在组织结构方面，国家核电技术公司建立了联合项目管理机构来进行相关项目的设计以及采购等工作。国家核电公司和美国西屋公司共同组织并管理第三代核电独立项目，这样能够在一定程度上减少信息不对称对知识共享的不利影响，并减少技术、文化、组织距离和双方的其他差异因素带来的不利影响，从而促进知识共享、转化和吸收。

通过对于沈鼓—西屋 AP1000 技术联盟的案例分析，可以看出，在跨国技术联盟的非对称型的知识共享模式中，有一个主要的企业进行知识和技术的共享和传递，而其他成员企业则主要进行知识的消化和吸收，并在此基础上进行知识的创新。由于显性知识和隐性知识的性质和特点的不同，在跨国技术联盟知识共享和传递过程中要采取多样化的共享手段，以实现联盟知识的有效传递。

5.4 本章小结

本章根据跨国技术联盟成员企业知识共享范围不同，为跨国技术联盟成员企业提供了对称型的知识共享模式和非对称型的知识共享模式。当跨国技术联盟中的企业既进行知识的贡献又进行知识的获取时，表明该企业处在对称型的知识共享模式中，在这种情况下，由于企业之间关系比较复杂，就有必要建立一些制度来激励知识共享活动和约束成员企业的行为，包括建立知识奖惩体系、知识补偿制度、知识晋升制度等，能够有效管理跨国技术联盟成员企业的知识共享活动，并提高联盟成员企业的知识共享意愿。而当在跨国技术联盟中，有某个企业主要对其他企业进行知识的提供，其他企业对知识进行学习时，表明该企业处于非对称型的知识共享模式中。在这种情况下，由于是盟主企业对其他企业进行知识的输出，因此本章建立了一些知识共享的技术模式，包括显性知识到隐性知识的技术、隐性知识到显性知识的技术、显性知识到显性知识的技术以及隐性知识到隐性知识的技术。具体又包括知识地图、搜索引擎、知识推送、联机讨论等技术。通过对于技术模式的学习和建立，能够有效提高跨国技术联盟中盟主企业对其他成员企业的知识贡献效果，并促进跨国技术联盟的知识共享活动。

通过对于 TD - SCDMA 跨国技术联盟案例分析可以看出，在该联盟中各个成员企业均参与了知识的共享活动，他们处于跨国技术联盟伙伴间的对称型知识共享模式中。在 TD 联盟中，成员企业之间除了建立正式的合约联系、同一的联盟目标之外，还建立了专利交叉许可、利益分配等制度对联盟成员进行制度上的约束，实现了其联盟内知识的有效共享并取得了联盟的成功。同时，这也印证了如前所述跨国技术联盟伙伴间对称型知识共享模式的有效性。

通过对于沈鼓—西屋 AP1000 跨国技术联盟案例分析可以看出，在其联盟中，西屋公司作为知识共享的主要知识提供者，而沈鼓集团是知识的主要获取者，他们处于跨国技术联盟伙伴间的非对称型知识共享模式中。在沈鼓—西屋 AP1000 跨国技术联盟中，西屋公司通过图纸、文件等传递显性知识，通过专家培训、现场指导、人员培训等方式实现隐性知识的传递和共享，通过知识共享技术模式实现了联盟内知识的有效共享。同时，这也印证了如前所述跨国技术联盟伙伴间非对称型知识共享模式的有效性。

第6章 跨国技术联盟不同阶段的知识共享模式

6.1 不同阶段的知识共享模式提出的背景及解决的问题

6.1.1 不同范围知识共享模式提出的背景

与其他组织一样，跨国技术联盟也有其固有的演变规则。Waddock 将跨国技术联盟的发展分为三个阶段：发起、建立和成熟阶段。其他的外国学者也将跨国技术联盟的发展分为了不同的阶段，如发起、运行和评价等阶段。Das 等将技术联盟划分为了 7 个阶段，后又将其精简为三个阶段：形成、运作和结果阶段。在形成阶段中，联盟成员企业相互了解，并签订条约组建联盟；在运作阶段，联盟开始发挥作用，各成员企业为联盟的稳定发展和各自的发展做出努力，使联盟目标得以实现；在结果阶段，联盟可能表现出稳定发展、重构、衰退或终止的任何一种情况。

在参考了一些学者的研究之后，本章将跨国技术联盟的运行划分为三阶段：形成阶段、运作阶段和重构阶段，并分别讨论在每个阶段知识共享的主要模式。实现知识共享的目标在跨国技术联盟的发展中起着重要作用，甚至决定了跨国技术联盟的发展趋势。在跨国技术联盟的不同阶段，各联盟伙伴的活动内容是不同的，因此，知识共享活动的内容也是不尽相同的。为了考察各个阶段跨国技术联盟的知识共享活动，本章给出了其阶段发展图示，如图 6 - 1 所示。

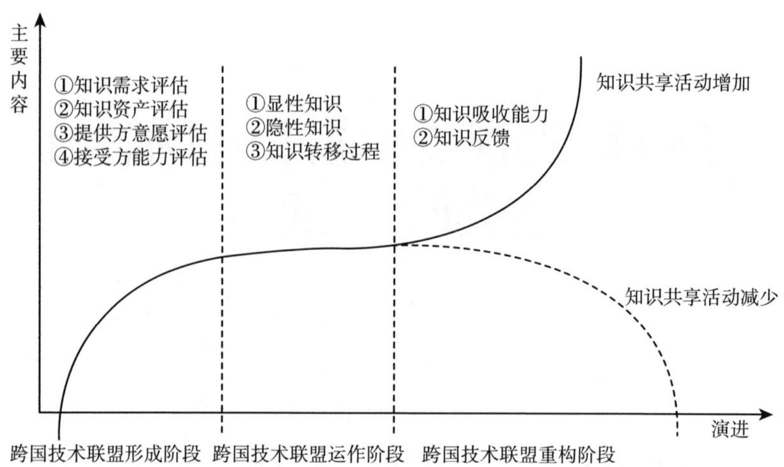

图 6－1 跨国技术联盟不同阶段的知识共享活动

6.1.2 不同范围知识共享模式解决的问题

企业在选择组建跨国技术联盟后，由于联盟有不同的发展阶段，因此，跨国技术联盟中的成员企业进行知识共享也存在着不同的阶段。正如前文所述，跨国技术联盟的发展分为了形成阶段、运作阶段和重构阶段，在不同的阶段联盟成员企业进行知识共享的侧重点有所不同。

在跨国技术联盟的形成阶段，联盟成员企业由于对于彼此还不是很熟悉，各方也没有建立很大程度上的信任，因此在这一阶段主要进行的是评估工作，包括知识需求评估、知识资产评估、提供方意愿评估和接收方能力评估等。在进行评估后，跨国技术联盟成员企业才能够进行知识的传递的知识的共享。

在跨国技术联盟的运作阶段，联盟成员企业之间主要进行知识的转移，即实现知识的有效传递。知识转移受到很多因素的影响，如信息对称性、知识转移投入、知识转移过程要素等。本章在 Vito Albino 提出的联盟知识转移的过程要素的基础上，加入信息对称性、知识转移投入和知识转移实施过程三个要素，构建了跨国技术联盟知识转移过程模式，帮助联盟成员企业进行有限的知识转移与知识共享。

在跨国技术联盟的重构阶段，跨国技术联盟知识共享活动会有两种不同的倾向，即知识共享活动增加和知识共享活动减少。这主要是对于联盟成员的知识吸收能力和知识反馈能力来决定的。因此在该阶段，跨国技术联盟知识管理主要是对于联盟成员知识吸收能力和联盟成员的知识反馈进行评估工作。

通过对于跨国技术联盟不同阶段知识共享的模式研究，帮助联盟成员企业在跨国技术联盟发展的不同阶段进行有限的知识共享与传递，使联盟知识共享适应联盟不同发展阶段的特征，以提高跨国技术联盟的成功率和实现联盟目标。

6.2　跨国技术联盟形成阶段的知识共享模式

联盟伙伴的选择在跨国技术联盟形成阶段具有重要的意义，这是因为跨国技术联盟与企业收购不同，在跨国技术联盟中，各个企业是独立的经济实体，并不是所属关系。在跨国技术联盟中，成员企业具有各自独特的资源优势和知识优势，同时，联盟中的每个成员企业的文化环境、管理方式、经营目标等也是存在着很大的差距。但是，联盟成员企业的这些企业特点又决定着跨国技术联盟的组建是否成功。对于以知识共享为目标的跨国技术联盟，联盟成员企业必须评估其知识需求并评估联盟合作伙伴的知识资产。

在跨国技术联盟的形成阶段，成员企业进行的知识共享活动。在这一阶段，联盟成员企业主要进行知识需求评估、知识资产评估、提供方意愿评估和接受方能力评估。需要注意的是，在此阶段成员企业所共享的知识以显性知识为主，因为在这一阶段联盟伙伴之间的接触还比较少，相互之间的了解还并未深入，一些更具核心的隐性知识更难分享。

6.2.1　知识需求评估

在联盟成员进行知识需求评估之前，首先要明白在跨国技术联盟中，知识的特征是什么？跨国技术联盟中的知识具有显、隐性之分，显性知识的内容和形式相对清晰，因此，联盟成员企业之间的知识共享相对容易实现。但隐性知识具有高度的模糊性，难以清晰表达和传播。在跨国技术联盟中，知识的默会性、独特性和复杂性是其特殊性的主要体现。

由于隐性知识通常存在于个体的行为习惯之中，难以被察觉，所以隐性知识存在默会性的特征。默会知识具有高度的个人化特质，有时甚至知识的拥有者都很难察觉到这种知识，因此默会知识的共享效果并不好。并且在跨国环境下，默会知识还存在着语言差异的障碍，这使得隐性知识更难通过语言等方式进行表现和共享，这也是跨国技术联盟中知识拥有方进行知识共享、知识需求方获取知识的主要障碍之一。

知识的独特性是指某些知识是企业所特有的知识或者只有与企业的环境相融合才具有意义和价值，这些知识往往依赖于企业的特定背景或者组织环境。对于知识需求方而言，如果其没有知识拥有方相同或相似的背景，或着并不能使知识适应其环境背景，那么知识的转移和共享是很难成功的。尤其是在跨国环境下，联盟成员面临着国别、语言、政治等差异，在此基础上形成了其企业独特的文化和知识。因此，知识的独特性也为跨国技术联盟的成员企业之间的知识共享造成障碍。

知识的复杂性是指跨国技术联盟中许多知识之间的强相互关系。特别是，与组织运作相关的一些知识，例如一些复杂的任务可能需要多个部门或成员一起完成，如果只分享一些表面知识，通常很难转移整个知识体系。这些复杂的知识很难被联盟伙伴企业所理解和掌握，为跨国技术联盟知识共享活动的进行增加了难度。在跨国技术联盟中，国别和文化等方面的差异也为知识的复杂性增加了强度。

跨国技术联盟成员企业基于以上几个知识的特性，需要对企业所需知识进行评估。在进行知识需求评估时，企业应该首先了解自己的知识库是什么？企业现有的功能是什么？企业应该提供哪些知识资源来提升核心竞争力？另外，联盟成员的知识库是什么？联盟合作伙伴需要哪些知识？在明确上述问题的基础上，成员企业可以明确其知识需求，并且在未来跨国技术联盟的知识共享活动中与伙伴企业更好地协调。

6.2.2 知识资产评估

在确定知识需求后，成员企业需要在联盟形成阶段仔细分析自己的知识资产和每个合作伙伴的知识资产。首先，企业应该在知识地图中明确自己的立场，清楚地了解自己知识的优缺点，找到自己在知识潜力上的适当位置。一般来说，知识都是由高位势向低位势传递，市场上的知识大都处于五个位势，即知识创新方、知识领导方、尚可竞争方、奋力挣扎者和危险者。如果自身处于比对方低位势的状态，那么企业就要做出选择：是自己进行创新和开发还是与对方合作学习对方的经验技巧？这种评估有利于企业对自己的战略目标进行定位，并且利于寻求适宜的合作企业；其次，企业要对其拥有的资源尤其是知识资产进行评估，找出自身与其他合作企业存在的差距。在跨国技术联盟中，知识差距太大，无法促进合作伙伴之间的知识共享。

6.2.3　提供方意愿评估

在跨国技术联盟中，知识共享和转移应基于愿意分享的知识。知识共享活动只有在所有者愿意分享知识的情况下才能进行。知识共享的激励、与他人分享的意向以及知识投入会影响联盟知识共享的效果。Davenport 认为知识共享有三个直接原因：自利、他利和互利。知识共享的自利动机是指知识的拥有方之所以愿意分享知识，是期望从知识的需求方处获得报酬或者是其他方面的好处等。他利动机则主要基于自身企业的知识能够被传承并发扬的愿望。而互利动机则认为，每个联盟成员企业所具有的知识特性和知识优势是不同的，在某一方面的知识处于优势的成员企业其另一方面的知识可能处于劣势。在这种情况下进行联盟的知识共享，能够发挥联盟知识的协同作用，帮助企业实现各自的战略目标。对于跨国技术联盟中的成员企业来说，知识共享的激励因素很显然不是以自利或他利为主。

在进行知识共享的活动中，知识能够被知识接受方有效利用的前提是知识提供方能够明确地表达知识。特别是对于隐性知识来说，由于隐性知识难以用语言和文字等方式表达出来，因而这类知识的传递更有赖于知识提供方的共享意愿和表达形式。在跨国技术联盟中，联盟成员企业都有其独特的知识资源和技巧，但是成员企业为了保持自己的优势地位往往不乐于共享自己的核心知识，却希望从伙伴企业那里得到更多的知识。另外，跨国技术联盟中知识共享的规模效用和知识协同也影响了合作伙伴分享知识的意愿。因为当多国技术联盟中的知识共享可以产生互补和协同效应时，联盟所有成员的利益大于知识共享之前的利益，或者大于知识共享的成本和风险，这样联盟成员的知识共享意愿就越来越强烈，联盟知识共享活动也得以有效进行。

6.2.4 接受方能力评估

对于知识接受方来说，对于从知识提供方处获得的知识鉴别和吸收能力直接影响了其知识获取的效果。根据科恩等的研究，企业吸收外部知识的能力是其发展外部知识、组织和利用以及技术创新的前提。对于跨国技术联盟成员企业而言，他们获取知识、吸收和转化知识的能力对于自身的发展具有直接的影响。对于知识接收者，知识积累和知识学习是知识吸收能力的两个部分。其中，知识积累是指联盟成员的知识吸收能力是经过实践累积的。联盟成员企业所积累的知识越多，其知识吸收能力就越强。同时，成员企业固有的知识与知识共享活动中所吸收的知识之间的相关性越高，获取知识的难度就越低。

联盟成员企业知识接收方的知识学习是指为了能够吸收并利用获取的知识，企业必须进行学习。其努力程度主要体现在两方面，一是对于跨国技术联盟内知识的辨别；二是对于知识的吸收和利用程度。因此，可以将成员企业的知识吸收划为四个阶段，即知识获得、知识消化、知识应用和知识转化。知识获得的阶段主要是对知识进行识别并将其转化为显性知识；知识消化和应用的阶段主要是对于显性化的知识进行消化和吸收并内化为自己的知识，然后根据自己的企业特点应用它；转化阶段是指将获得的知识转化为企业自身知识体系中的一部分，并在此基础上创新。

6.3 跨国技术联盟运作阶段的知识共享模式

跨国技术联盟的运作阶段是其运行的核心过程。这一阶段的知识共享内容是整个跨国技术联盟中知识共享的主体。在这个阶段，联盟成员公司不仅传播和传递显性知识，更重要的是，隐性知识的共享主要是在这个阶段进行的。

6.3.1 知识转移过程要素

在跨国技术联盟运行阶段，知识的转移是最重要的过程之一，也是联盟伙伴之间实现知识共享必不可少的环节。基于知识转移过程的视角，国外学者 Szulanski 提出了知识转移的过程模型，并将知识转移分为开始阶段、实施阶段、调整阶段及整合阶段。第一阶段是开始阶段，在这一阶段联盟成员要识别出自身需要的知识并应用到自己的情境中去；第二阶段是实施阶段，联盟伙伴要通过建立适宜的渠道为知识转移创造必要条件；第三阶段是调整阶段，知识接收者可以调整部分知识从而使其适应自身的情境；第四阶段是整合阶段，知识接收者将获取的知识与自身原有的知识进行整合。根据知识转移过程的理论模型，研究知识管理的学者 Vito Albino 提出了联盟知识转移过程中的四个核心要素：转移主体、转移情景、转移内容和转移媒介。基于这些研究，我们可以得到组织间知识转移的过程模型，如图 6 –2 所示。

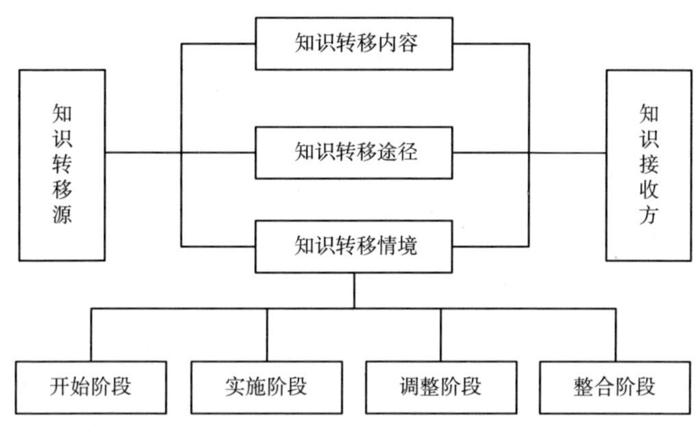

图 6 –2　知识转移过程模型

本章将信息对称性、知识转移实施过程和知识转移投入作为研究跨国技术联盟知识转移过程的三个要素。

（1）信息对称性。

跨国技术联盟中的知识是各种企业文化、环境、战略和组织结构的结果。联盟成员企业要对于自身的特点和企业面临的环境等进行充分的分析，同时，在选择联盟合作企业方面要考虑各自企业的利益、目标和公司文化等因素。在资源方面，主要指企业所拥有的有形资产和无形资产，联盟伙伴的资源互补性越强，对于联盟绩效的提升越强；在文化方面，联盟伙伴企业之间要进行组织文化的协调，企业文化的不匹配将直接影响知识共享，进一步影响联盟的绩效；在战略目标方面，联盟成员伙伴的战略目标在长期上来看要是协调一致的，目标不一致将会导致机会主义行为和联盟信任关系的破裂。

在跨国技术联盟的确立和联盟成员匹配上，信息技术有着重要的作用，尤其是当企业要明确资源互补性和提高知识转移效率时。在跨国环境下，企业面临的不确定因素更多。因此，信息对称型在跨国技术联盟中的作用更加突出。基于此，本文引入了信息对称性这一要素。

信息不对称是指联盟企业对某些信息具有认知上的差距。在联盟建立和运行过程中存在信息差异时，在信息方面处于有利位势的企业往往处于自身利益考虑，会倾向于输出对自身有利的信息。而处于信息劣势的企业因为缺少信息往往会对自身企业不利。由此看来，在跨国技术联盟中的信息不对称现象导致了联盟建立存在盲目。因为，在成员企业不足够了解伙伴企业的情况下，很难正确评估其资源、文化及企业目标等，并在很大程度上会导致联盟信任危机和联盟的失败。在联盟运行阶段的信息不对称会使联盟的管理机制失效并增加联盟成员的机会主义行为，对跨国技术联盟知识共享活动的进行起到了阻碍作用。在跨国环境下，联盟成员之间存在国别、文化、经济、宗教等多方面的差异，因此识别企业信息存在更大的障碍。所以，本文认为信息对称性是影响跨国技术联盟运行阶段知识共享的核心要素之一。

（2）知识转移实施过程。

合同在跨国技术联盟的正式控制中起着重要作用，在跨国技术联盟中，有效监督和激励联盟成员企业可以通过建立完善的规则来实现。完善联盟契约机制可以有效减少或避免联盟成员的机会主义行为。不确定性包括未来事件的不确定性以及成员伙伴在跨国技术联盟的形成和运作期间对事件的反应的不确定性。由于不确定事件很难避免，因此，联盟伙伴之间的信任机制就显得尤为重要。跨国环境对于成员企业选择机会主义行为提供了更大的便利条件。对于消除联盟中的不确定性来说，建立成员之间的信任关系是更加经济有效的方式。这种信任关系在跨国技术联盟知识共享中也发挥着重要的作用。对于成员企业在跨国技术联盟中可能存在的机会主义行为，本文提出了知识转移实施过程的关键要素。在知识转移过程中，跨国技术联盟成员企业可以制定知识转移计划、监督机制等措施，以防止甚至避免联盟伙伴的机会主义行为。同时，也可以构建信息共享平台等加速沟通，间接规范联盟伙伴企业的行为。

（3）知识转移投入。

技术创新是跨国技术联盟的核心内容之一，也是联盟内部知识共享的最终目标。技术创新大致具有四个主要特征：过程的不确定性、成员企业之间要进行沟通、创新具有跨边界性。知识需求方在知识转移过程中要进行必要的投入。对于知识转移投入，本文将其定义为对联盟成员之间知识转移具有影响作用的有效投入。

6.3.2　知识转移过程模式

通过对于以上四个因素的分析，本书将跨国技术联盟知识转移过程分为八个组成部分：知识转移源和知识接收方、信息对称性、知识转移内容、知识转移途径、知识转移情境、知识转移投入、知识转移实施过程。

在跨国技术联盟中存在着联盟内知识转移和组织内知识转移。联盟内部的知识转移是指成员企业的员工将自己的知识贡献给联盟，联盟内的其他成员吸收并利用这些知识。组织内知识转移是指知识从企业转移到联盟内部，然后再转移到其他有需求的联盟成员企业中。

在跨国技术联盟中，联盟成员的企业知识可以分为个人知识和集体知识。个人知识主要指企业员工的个人经历、技能和其他知识。集体知识是指集体中存储的各种显性和隐性知识，它们是由个人之间的互动和共享产生的，包括各种材料和技术过程。集体知识可以根据不同的存储载体分为团队知识和组织知识，因此，在跨国技术联盟中，成员企业之间传递的知识包括个人知、集体知识和组织知识。

前面我们提到了跨国技术联盟中的技术创新过程具有不确定性、知识密集性和创新过程的跨边界性，并且知识投入在知识转移过程中起着很大的作用。由此看来，知识投入是跨国技术联盟中知识转移过程的关键要素之一。此外，联盟中成员企业之间信息的对称性对联盟知识转移也具有重要影响，它对实现资源相容性、文化相容性和战略相容性起到了关键的作用，因此，我们将信息对称性作为联盟知识转移的核心要素之一。

在跨国技术联盟中，知识的转移不仅是知识的单向转移，而且是一个复杂的阶段性过程。知识转移需要一个重建过程，也就是说，知识接收者不仅需要吸收和利用知识，还要对知识源的知识进行反馈。因此，知识转移不是一次性过程。

根据以上的分析和整理，本章给出了知识转移过程的八个要素，并构建了跨国技术联盟运行阶段知识转移的过程模式，如图 6 – 3 所示。

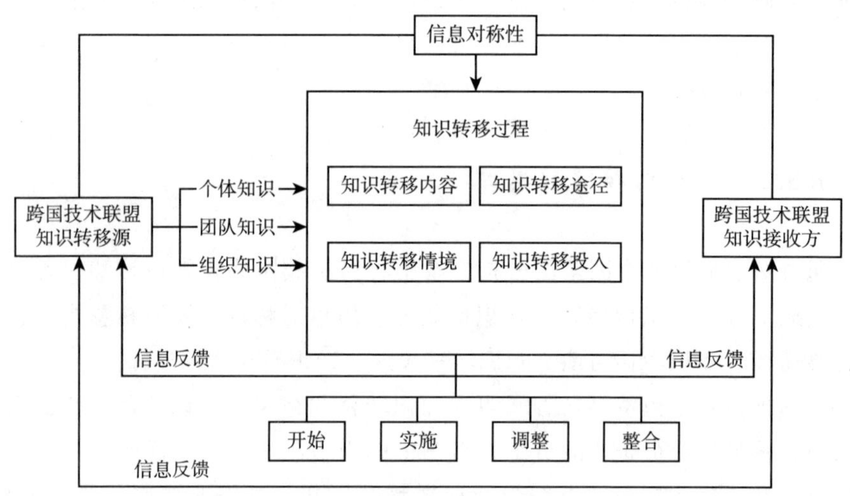

图 6-3 跨国技术联盟知识转移过程模式

6.4 跨国技术联盟重构阶段的知识共享模式

在跨国技术联盟的重构阶段，主要进行知识共享过程和结果的评价。通过对于过程和结果的评价，能够采取跨国技术联盟下一步的发展策略。这些评价包括了对于知识吸收的评估和知识反馈的评价。对于跨国技术联盟内的成员企业来说，企业对于知识的吸收程度很大程度上取决于他们的知识吸收能力。知识吸收的有效程度高、知识反馈及时且充分能够有效促进联盟内企业的知识积累和知识创新。在跨国技术联盟的实际运作中，重构阶段的知识共享活动将有两种不同的发展趋势：一是联盟的知识共享活动趋于增加；二是联盟知识共享活动趋于减少。

6.4.1 联盟成员的知识吸收能力

在跨国技术联盟中，成员企业的知识吸收能力是指企业能够识别并有效利用联盟内的知识，以实现自身知识的创新。这种知识吸收能力可分为四种类型：知识获取能力、知识吸收能力、知识转化能力和知识使用能力。一般来说，成员企业积累的知识越丰富，知识吸收能力越强，知识转移成本越低，知识规模效用越大。

知识转移使得知识从一个情境转移到另一情境中去，在这一过程中，新的情境不一定与知识适应。具有大范围重叠情况的知识转移过程称为相似性转移，而具有很少或没有重叠的知识转移过程称为自适应转移。对于跨国技术联盟成员企业来说，如果成员企业之间存在类似的情境维度，其情境范围将在一定程度上重叠。当联盟内部转移的知识在合作伙伴之间的重叠范围内时，知识转移可以更加成功和稳定。但是，当联盟内部转移的知识超出合作企业情况的重叠范围时，就要对情境和知识进行调整，使得新知识能够被运用到新的情境中去。

总的来说，联盟中成员企业的知识吸收能力并不相同。而企业的知识吸收能力的高低影响了他们获取和利用联盟中的知识。当成员企业的知识吸收能力较强时，他们对外部世界的新知识有了更深入的了解，并且能够快速吸收和利用它们，因此他们也可以获得新的知识。由此可以发现，在跨国技术联盟中，企业拥有较高的知识吸收能力有利于企业调整情境并更有效的吸收和利用联盟知识。

6.4.2 联盟成员的知识反馈

在跨国技术联盟的知识共享活动中，知识接收方通常是知识转移的被动方。然而，在实践中，知识接收者尤其具有其自身独特的优势，例如市场变化等信息。对于知识共享的知识应用结果，要通过市场的检验才能明确。因此，在跨国技术联盟中，知识接受方将接收到的知识应用方面遇到的问题、积累的经验和创造的技能等可以为跨国技术联盟带来新的知识资源，也是跨国技术联盟内部的新一轮的知识转移的起点。因此，要重视跨国技术联盟中知识接受方的知识反馈信息，这对于跨国技术联盟在更深层次上的优势互补和知识共享过程的综合效益的提升具有重要的意义。

6.5 案例分析

对于如前文分析的跨国技术联盟三个阶段的知识共享模式的案例分析，本章选取了普华文化公司与弗布克管理咨询公司的联盟案例。通过对于案例的分析，对联盟三个阶段的知识共享模式作进一步的分析研究。

普华文化发展有限公司是新华信息管理咨询公司和人民邮电出版社在2004年共同出资成立的。弗布克管理咨询公司是普华公司的合作伙伴中的较成功的企业指引。普华与弗布克在四年当中合作出版了110种图书，并且取得了良好的销售业绩。弗布克公司为普华公司创造了3000余万元的利润。

（1）前期接触。

弗布克管理咨询公司在2004年提出“专注于知识管理，整合出版、培训、咨询和传媒，促进知识传播，实现网络经济+知识经济+媒体经济”的理念。弗布克公司在这一阶段的目标是通过纸质传媒带动其他业务的发展。因此，弗布克公司在这一目标下开始寻找适宜合作的联盟伙伴企业。但事实是，很多大规模的出版公司几乎都看不上像弗布克这种小规模的图书工作室，尽管他们有着比较完备的出版计划和可行的商业计划。最后，他们找到了普华公司。普华公司对于这一方案十分认同，他们认为弗布克公司选定的人力资源这一领域可以做出一些成就来。恰巧这也是普华公司所要寻找的突破口。也就是说，普华公司计划在经管领域发展图书，以此为突破口，希望在三年内进入这一领域的前三强。两家公司在战略目标上具有相似性，且在资源上也具有互补性，因此，达成了合作共识。

（2）初次合作。

2004年普华和弗布克开始了首次合作，并发行了《职务说明书设计手册》，这也是其“弗布克管理职位工作手册系列”中的第一本书。在合作的早期阶段，因为彼此没有合作过，所以各方面的能力没办法得以证实，这时普华公司对于弗布克公司的能力并不是十分的信任。由于两家公司之间没有深入的了解，知识和其他资源的投入还不够。例如，在分配责任编辑时，未选择具有最强能力的编辑，而是哪个编辑空闲就分配哪个编辑。因此，图书的编辑不能给出非常有建设性的建议，因此影响了图书的部分内容和图书的销量。在这种情况下，两家公司出现了一些矛盾。但是经过双方的沟通和交流，普华公司总编将自己多年的经验进行交流和分享，同时弗布克也承认了自己的薄弱环节，因此，在之后的图书编辑中，完全按照出版要求进行编辑，也在很大程度上提高了图书的编辑质量。

《人力资源管理职位工作手册》是两个企业合作的第二本图书，这本书的交稿时间在第一本书上市后不久，正是有了第一本书的合作经验，双方的第二次顺利合作也很快展开。本书的发行量和印刷次数达到了普华历史的最高水平，也是管理领域最畅销的作品。可见，这次的合作取得了很大的成功。这次合作的成功给予了两家企业很大的合作信心，因此，彼此间的交流、学习和知识共享等活动多了起来。这本书的发行量和印刷量都达到了普华公司历史上的最高，也是经管领域图书市场上的畅销书。两个企业第二次合作的成功给予了他们很大的信心，因此，双方的沟通交流、知识共享等活动也增加了起来。弗布克公司会定期地进行报告，包括他们对市场的研究、某些图书的销售情况、选定的主题以及市场趋势等。同时，普华公司还向弗布克公司提供各种数据信息，并及时通报每月图书印刷、销售状态等信息。该信息为弗布克选择主题提供了可靠的信息来源。通过双方不断的知识共享活动，两个企业的能力都得到了提高，并且在半年时间里出版了 14 本管理类图书并在市场上销售。

（3）联盟成熟。

2006 弗布克向普华公司提交了一份报告，意味着两个公司开展长期合作。在报告中，弗布克详细讲述了公司未来的发展规划，并通过 5 年市场监测数据的说明向普华公司提供发展建议。这使得双方的合作上升到技术联盟的层面，也标志着弗布克公司与普华公司紧密合作的开始，进入了技术联盟运作的成熟阶段。

在 2007 年，两家公司合作的“规范化管理工具箱”一系列的图书上市，并且在一个月的时间内就销售了 5000 套，这套书成为 2007 年经管图书的最畅销作品之一。此外，由于这些书籍的畅销，普华的人力资源书籍在国内市场排名第一，市场份额达 24%。另外，通过与普华的联盟，弗布克已经从一家亏损公司跃升为一家受欢迎的咨询管理公司，其收入和利润也大幅增加。

（4）案例启示。

从两家公司的联盟合作来看，通过合作、建立联盟的形式，双方共享知识并取得了各自相应的回报，联盟的绩效明显提高。此外，他们受到联盟合作成功的鼓舞，随着对知识和其他资源的投入不断增加，他们分享知识的意愿得到了提高，他们学习、吸收和反馈知识的能力也得到了提高。在跨国技术联盟知识共享机制方面，其成员也在不断完善。

由此可以看出，在跨国技术联盟演进的不同阶段，联盟成员要根据不同阶段的知识共享活动中遇到的问题，采取相应的解决方案，以保证联盟各方的顺畅合作和知识共享活动的顺利进行。

6.6 本章小结

本章根据跨国技术联盟发展的不同阶段，为组建跨国技术联盟进行知识共享的企业提供了不同阶段的知识共享模式。在跨国技术联盟发展的不同阶段，联盟成员之间的信任关系、联盟的特点、联盟内资源程度等各个方面都是不同的，因而成员企业在跨国技术联盟内进行知识共享活动的侧重点也是不同的。当跨国技术联盟处于形成阶段时，由于联盟成员企业之间的了解还不够，还未形成稳定的信任关系，因此该阶段进行的主要是评估工作，包括对知识需求的评估、知识资产的评估、提供方意愿评估和接受方能力的评估。这些评估工作对是该阶段知识共享活动的重点。当跨国技术联盟处于运作阶段时，联盟成员企业之间主要进行知识的传递和交流，该阶段联盟内知识的转移也是跨国技术联盟知识共享的核心环节。由于知识转移受诸多因素影响，本章在其他学者给出的知识转移要素的基础上给出了信息对称性、知识转移实施过程和知识转移投入三个要素，构建了知识转移的过程模型。当跨国技术联盟处于重构阶段时，联盟成员企业主要进行的工作室对于知识吸收的反馈，对于反馈的结果不同，联盟知识共享活动趋于增加或趋于减少。

通过对于普华与弗布克联盟案例分析可以看出，联盟发展的不同阶段进行知识共享的侧重点是不同的。在前期，普华与福布克公司的接触比较少，双方对于各自的企业目标进行评估，并确定了双方的合作和知识共享；在中期，双方通过派遣编辑、进行阶段性汇报、交流市场信息等进行联盟内知识的转移和知识的共享活动；在后期，双方的合作取得了很大的成果，知识共享反馈情况比较理想，联盟知识共享活动趋于增加。同时，这也印证了跨国技术联盟不同阶段知识共享模式的有效性。

第7章　跨国技术联盟企业间知识共享的风险分析

跨国技术联盟企业间的知识共享是联盟企业基于互相信任的前提进行资源共享、创造知识价值的活动，是各方企业以技术为载体进行知识交换转移与分配利用，最终提高技术水平进而开发新产品或业务的活动。在该活动中，跨国技术联盟知识共享的风险可能会促使知识共享的最终价值遭受损失或扩大其损失程度，因此需要进行风险管理。风险识别与分析是风险管理的第一个环节，只有在识别出各类风险的基础上，才能够抓住关键的风险要点，并分析其作用机理，从而进一步评估风险，最终设计合理的风险控制策略。在此之前，明确风险的来源与分类是为了更加全面、系统地识别潜在风险，合并类似风险的规避措施。因此，本章首先分析了风险源的作用机理，其次对跨国技术联盟知识共享活动的风险进行分类，最后识别出影响跨国技术联盟知识共享风险的具体因素。

7.1　跨国技术联盟企业间知识共享风险源的作用机理

在跨国技术联盟企业间知识共享活动中，风险是影响技术联盟最终知识共享产出价值的有形或无形因素，而这些风险主要来源于企业自身、知识本身以及企业之间的关系，可以分为以下三个部分：一是跨国技术联盟知识共享的关系特性；二是跨国技术联盟知识共享的知识特性；三是跨国技术联盟知识共享的企业特性，如图7－1所示。

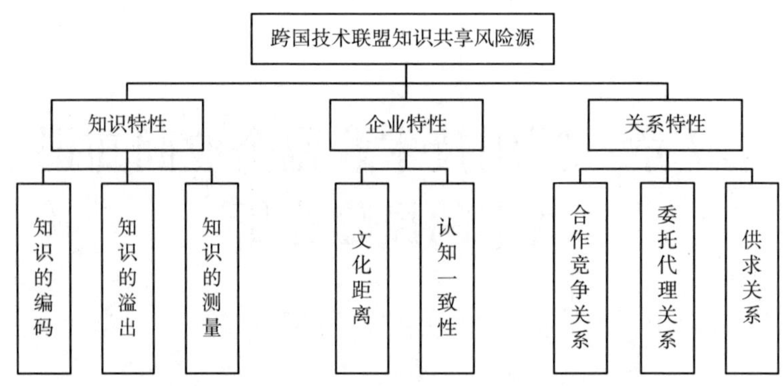

图 7－1　跨国技术联盟知识共享风险源

7.1.1　跨国技术联盟知识共享的关系特性视角

从跨国技术联盟知识共享的关系特性来看，知识共享存在风险归咎于以下三点：

（1）跨国技术联盟企业之间的合作竞争关系。

跨国技术联盟企业间知识共享活动的最终目的是实现双方合作共赢，但是当涉及最终知识共享的利益分配时，企业双方又存在利益的竞争关系。因此，为了最大化自身利益，跨国技术联盟中的企业采取机会主义行为，例如隐瞒自身的技术水平、降低投入成本等，最终导致知识共享的最终产出价值有所降低。因此，跨国技术联盟企业之间的双重矛盾关系使得知识共享存在风险。

（2）跨国技术联盟企业之间供求关系。

技术联盟知识共享活动的开展基于双方合作的意愿。知识是市场上的虚拟商品，供求关系的存在使商品的存在具有价值，因此技术联盟知识共享活动的成立必然有主动提出开展活动的一方，即需求方，接受邀约并提供以技术为载体的知识的一方则为供应方。在跨国技术联盟企业的知识共享活动中，供求关系之间的博弈影响企业的技术投入成本以及共享信息的透明度，从而使技术联盟的知识共享活动存在风险。

（3）跨国技术联盟企业知识共享活动的委托代理关系。

委托代理关系体现在两种情境中，分别是：企业董事会与管理者、合作企业之间。跨国技术联盟知识共享活动有特定的人员对接、协调以及合作管理。管理者的两个特性导致技术联盟知识共享存在风险，其一是人的有限理性，管理者在进行决策时会受到各种因素的影响，其拥有的知识、经验和能力是有限的，决策时所拥有的信息是不完整的，因此不能每一次都寻找到最佳的解决方案，从而使技术联盟知识共享活动存在风险；其二是管理者与企业之间的代理关系。管理者作为企业的代理方，其个人利益与企业利益存在不一致的情况，因此管理者出现投机行为的风险也是存在的；除此之外，双方企业之间信息不对称，利益不一致，同样也会有投机行为出现导致风险的存在。

7.1.2 跨国技术联盟知识共享的知识特性视角

从跨国技术联盟知识共享的知识特性来看，知识共享存在风险归咎于以下三点：

（1）知识的编码。

跨国技术联盟知识共享活动是以技术为载体的知识共享。对技术输出方而言，技术要素的知识不同于一般形式化的知识，技术水平越高，越难转化为可编码的知识，导致知识外化时成本高且传递速度慢；对技术接收方而言，知识外化的模糊性使得知识接收方掌握的知识片面而零散，加上企业提炼、理解、转化以及运用知识的能力存在差异，为知识内化的转化带来一定的难度，最终接收方所的信息与原始信息有较大出入。

（2）知识的溢出。

知识传递过程中存在知识溢出风险。技术外化后的知识可能会涉及企业核心技术，此外知识的二次利用均有可能导致知识溢出，使知识输出方的利益受到损害。

（3）知识的测量。

知识的价值需要通过合作企业将知识转化为实质商品后才体现出来。在知识未转化为成果之前，难以通过具体的货币价值衡量知识的价值，最终只能通过商品收益来确定知识价值大小。因此在跨国技术联盟知识共享活动中，技术的投入成本也无法估量，只能通过最终合作的收益来评价技术的相对价值。由于收益的不确定性，企业出于降低合作风险的目的在合作初期便会降低投入的成本，从而对技术联盟知识共享活动产生不利影响。

7.1.3 跨国技术联盟知识共享的企业特性视角

从跨国技术联盟知识共享的企业特性来看，知识共享存在风险归咎于以下两点：

(1) 文化距离。

在跨国背景下，技术联盟企业之间的文化存在较大的差异。适当的文化距离可以起到优势互补的作用，异质性文化培养的思维进行碰撞，有助于提升技术联盟活动的创新性，激发参与人员的学习积极性，进而拉大双方企业与其他本土企业之间的差异；但是当文化距离过大时，企业之间的文化矛盾会进一步凸显，具体表现为：知识概念的误解而导致更多信息解释成本的投入，合作人员因文化差异引起的矛盾协调成本等。通过以上分析，可以说明文化距离也是跨国技术联盟知识共享活动存在风险的原因。

(2) 认知一致性。

文化距离是国别文化差异，而认知一致性是指企业的认知差异。跨国技术联盟活动中企业的技术水平不同，意味着各自拥有的知识类别、质量以及数量也存在差异。在进行知识共享的过程中两个企业之间的重叠知识越多，共享知识则更容易被认知转移并吸收，即知识转移方的相对转移能力和知识吸收方的相对吸收能力较强，反之，企业之间的重叠知识越少，那么企业用仅有的重叠知识去传递并解释新知识时则更加困难，从而导致成本的增加。由此可知，认知一致性也是跨国技术联盟知识共享活动存在风险的原因。

7.2 跨国技术联盟企业间知识共享的风险分类

关于风险的分类，目前没有统一的标准，按照不同的标准有不同的分类方法。本文依据风险来源的不同，将跨国技术联盟知识共享的风险分为主体风险、关系风险以及环境风险。主体风险是指跨国技术联盟活动中的三大主体带来的风险，包括两大共享企业主体与知识主体；关系风险是指在术联盟知识共享活动中企业之间的交互关系所引发的风险；环境风险是指社会环境和自然环境带来的风险。

7.2.1 跨国技术联盟企业的主体风险

主体风险又可分为两类：企业的决策风险以及知识的溢出风险。

（1）决策风险。

决策风险是指企业高管在各种不确定因素的影响下对人、制度、流程的决策失误所带来的风险。在跨国技术联盟知识共享活动中，企业的重要决策主要有：技术联盟企业的选择、知识量的投入、利益的分配等。企业选择的决策失误将直接决定技术联盟的成功或失败，如果选择企业的技术水平、理解能力、工作方式等存在较大的差异，技术联盟知识共享的合作进度将被极大地延缓甚至停止合作。知识量投入的决策失误主要体现在企业的投入成本过大损害自身利益。而利益分配方式的决策失误主要表现为分配结果、分配方式难以驱动双方企业合作的积极性。

（2）知识风险。

知识作为交易商品，不同于其他商品之处就在于知识具有溢出效应。由于知识的隐含性、动态性、可复制性、倍增性等，知识在转移和传播的过程中一方面会不断地与其他知识结合创造出新的知识，另一方面其他相关但不必要的知识也会被无意中传递出来，这就是知识的溢效应。在跨国技术联盟知识共享的活动中，以技术为载体的知识是企业的核心知识，核心知识的溢出在给知识输出方企业带来巨大利益损失的同时，还会增强知识接收方企业的实力，这就是知识溢出风险。

7.2.2 跨国技术联盟企业的关系风险

关系风险可以分为两类：契约风险以及道德风险。

（1）契约风险。

契约风险表现为契约不公平所引发的风险。在跨国技术联盟知识共享活动中，提出联盟邀约的委托方，其议价能力低于联盟活动的代理方。因此在合约签订过程前，需要投入更多的成本或给予代理方相对较高的收益回报才能促使联盟活动的发生，此时利益分配必然是不均衡的。除此之外，在签订合约之后，代理方的收益大小决定了其参与知识共享的积极性高低，决定了双方知识交流程度的深浅以及活动推进速度的快慢，这一系列均为契约不公平所引发的风险，因此需要设计合理且有效的契约来促成跨国技术联盟知识共享活动。

（2）机会主义风险。

机会主义行为所引起的风险包括两大类：道德风险与逆向选择风险。两者的共同点在于两类风险都是由于信息不对称，其中一方刻意隐瞒信息的败德行为而引起的，其区别就在于道德风险发生在协议签订之后，逆向选择风险发生在协议签订之前。在跨国技术联盟知识共享活动中，道德风险是指知识量多的一方刻意隐瞒有利于活动的信息或减少知识转移量，有目的地损害另一方利益而维护自身利益的行为；逆向选择风险是指信息不对称的双方企业在协议达成之前，有一方刻意隐瞒对活动造成危害的消息而引发的风险。

7.2.3 跨国技术联盟企业的环境风险

环境风险可以分为三类：文化风险、自然风险、法律风险。

（1）文化风险。

文化风险一般是指企业内部的文化氛围以及价值观给企业带来的风险。当企业文化与员工的个人价值观发生冲突时，企业无法激励企业员工积极地与其他员工共享知识，因而导致内部员工无法高度协作，从而影响联盟活动的效率；在跨国技术联盟背景下，文化风险的含义还包括国家之间的文化差异带来的风险。当联盟企业所在国家的文化跨度过大时，双方企业的对技术的认知、理解以及表达都会存在分歧，以及宗教信仰等因素会使双方之间的信息交流不顺畅，以上均为联盟时存在的文化风险。

（2）法律风险。

法律风险是指由于契约在法律范围内无效而无法履行，或者合约订立不当等原因引起的风险。在跨国背景下，国与国之间的法律不同，当企业双方出现商业尤其是知识产权纠纷时，难以用一国的法律协调并解决问题，从而为企业的运营带来风险。

（3）自然风险。

自然风险是指自然的不可抗力所引发的风险，例如旱涝、地震、瘟疫等灾害。特征表现为不可控，因此在跨国技术联盟知识共享中，针对自然风险无法进行控制，但是该风险依然存在。

7.3　跨国技术联盟企业间知识共享的风险影响因素

7.1 节主要分析了跨国技术联盟知识共享的风险来源，本节将进一步探究跨国技术联盟企业间知识共享的具体风险因素。纵观有关知识共享文献综述的基础上，结合跨国技术联盟的具体特征，影响跨国技术联盟知识共享的因素主要包括：知识共享主体、知识共享客体、知识共享手段、知识共享情境。其中，跨国技术联盟的知识共享主体指参与知识共享活动的双方企业；跨国技术联盟的知识共享客体指以技术为载体的知识内容；跨国技术联盟的知识共享手段指合作企业之间的关系或组织结构，以及知识交流涉及的技术工具或平台；跨国技术联盟的知识共享情境指合作企业所处的国家背景以及企业背景。以上四大类因素直接或间接地决定跨国技术联盟知识共享的风险大小，从而影响联盟活动的最终效益。

7.3.1　跨国技术联盟知识共享主体对风险的影响

（1）知识共享主体的技术水平差距。

在跨国技术联盟背景下，企业开展知识共享的核心在于合作双方对联盟的技术内容都有各自的见解并有能力进一步探究。当联盟企业之间的技术差距过大时，在知识共享过程中，会表现为双方对于技术内容的表达不能被对方企业快速理解并内化为自身的知识，也就是说合作企业间缺乏共通的语言，因而阻碍了工作人员有效的交流。在知识共享结果中，则表现为技术水平较低的一方则不能即时地配合并跟上技术水平较高一方的节奏，最终极大延缓技术开发进度，甚至可能导致技术联盟活动的失败。

相反，当联盟企业间的技术水平不相上下时，在知识共享过程中，将极大地提升跨国技术联盟知识共享交流的有效性，合作企业无须过多争论并统一相关技术的基本概念与合成，而是将精力专注于技术创新的探讨与实验。在知识共享结果中，顺畅的知识交流更容易带动工作人员的积极性，加快了技术创新的进度。除此之外，由于合作企业的专业知识的重叠度高，不需要其中一方指派专门的技术人员指导另一方企业进行调试，因此在技术创新的成果应用上可以同步进行。

（2）知识共享主体的知识转移经验。

在跨国技术联盟背景下，知识共享主体的知识转移经验体现在以下两个部分：知识编码经验以及文化协调经验。

在知识编码经验上，如果企业拥有与其他企业知识共享的合作经历，那么该企业已经形成了一套比较成熟的知识编码体系，通过精确的语言向外界传递外化后的技术信息。相反，如果在跨国技术联盟中的企业没有知识编码经验，那么合作活动就需要有一个双方企业重构该体系的过程，该过程中可能会产生决策风险，同时错误的编码方式也会为技术联盟活动带来知识溢出风险。

在文化协调经验上，如果企业与其他国别的企业开展过合作，那么该企业在与跨国别的企业合作时会充分考虑到文化背景的差异，并在技术联盟知识共享前通过一套系统化的培训流程对相关工作人员进行商务文化培训，这将克服文化差异给活动带来的风险，至少可以将文化风险降至最低。相反，如果企业自身并没有跨文化交流的经验，那么在跨国技术联盟知识共享合作过程中会出现许多文化冲突，即使在合作之前了解对方企业的生活习惯、风俗、禁忌等，但如果没有一套系统的文化应对策略，在合作过程中出现文化冲突的概率仍然很大，因而使得技术联盟活动存在潜在的文化风险。

7.3.2 跨国技术联盟知识共享客体对风险的影响

（1）知识共享的内容。

跨国技术联盟知识共享的内容就是以技术为载体的知识，不同类型的知识对联盟活动风险的影响不同。根据知识是否容易编码，可以将知识分为显性知识与隐性知识；根据知识价值量的高低，可以将知识分为高价值知识与低价值知识。

显性知识是指可以通过图片、语言等形式进行知识编码的知识，这一类型的容易进行知识转移，有效促进企业之间的技术交流，但同时这样的知识更容易发生知识溢出，知识溢出风险较大；隐性知识是指难以用语言外化，需要通过长时间的观察、练习、与实践才能领悟到的知识。隐性知识的难以传递性，一方面使得接受知识的企业不能让完全吸收知识转移方传递的信息，另一方面企业也可能对知识的认识产生偏差，从而引发其他风险。

在跨国技术联盟中，技术是企业的核心竞争力。相对而言，核心技术的内在表现形式就是高价值知识，而一些低级的、技术含量较低的技术则是低价值知识。两种类型的知识发生知识溢出，均会使企业遭受损失，尤其是共享的知识价值越高，给企业带来的风险就越大。

（2）知识共享的模式。

在跨国技术联盟知识共享活动中，合作企业通常是双方合作，而不是多方联盟。因此根据知识共享主体的合作意愿，可以将知识共享模式分为主动转移和被动转移两种模式。其中主动转移知识共享模式又分为两种情况：一方主动转移或双方主动转移。因此，知识共享模式可分为以下三类：主动互换式、主动转移式以及被动转移式。

当双方企业均有开展技术联盟的意向，并且合作目的是通过结合各自的知识与技术，共同创新技术进而研发出新的产品，此时企业间的知识共享模式为主动互换式。在该模式下，双方技术相当且合作意愿强，极大地激发了技术交流的积极性，但同时也增大了知识溢出风险以及机会主义行为出现的可能性，其中也不排除有企业出现搭便车的行为。

主动转移式知识共享模式的出现主要是契合企业业务发展的需求。当合作企业的能力跟不上核心企业的要求，但同时核心企业又不愿意放弃合作企业的优势时，核心企业会选择主动向合作企业转移知识，以帮助合作企业提升业务能力，从而协助核心企业拓展业务。在这样的知识共享模式中，一方面核心企业因为投资成本较大而承担较大风险，另一方面合作企业在获取技术后可能会采取机会主义行为，放弃与核心企业的合作，从而造成核心企业的知识外泄。

与之相反，被动转移式的知识共享模式是由于技术水平较低的企业为了提升企业综合技术水平，通过给予对方一定利益回报的方式诱使高技术水平的企业开展知识转移活动。在该种模式下的技术联盟知识共享中，高技术水平的企业具有完全的优势，因此企业可能会故意隐瞒或减少知识的转移而引发道德风险。

7.3.3　跨国技术联盟知识共享手段对风险的影响

（1）跨国技术联盟知识共享的合作关系。

合作关系是跨国技术联盟知识共享企业间为实现共同利益而建立的协调

关系。知识共享中的协调关系包括风险分担、利益分配、信任等。其中风险的分担以及利益的分配是客观因素，可以在短时间内通过策略的设计进行调节；信任是一个主观因素，虽然企业间是否互相信任可能取决于企业在行业内的信用水平、企业能力等，而这些要素都是企业长时间积累的结果，但是由于人的主观能动性以及有限理性，信任程度的高低也可以由联盟活动的管理者决定。

有效的风险分担和利益分配机制在控制活动风险的同时，极大地促进企业开展跨国技术联盟知识共享活动的积极性，而低效率的机制设计会造成风险失控，或因利益分配不均而导致合作失败。风险管理以及与之相关的利益分配是本文研究的重点，因此不在此过多阐述。

合作企业间是否互相信任体现在企业对于该活动的风险偏好上，因此信任对于跨国技术联盟知识共享活动的作用机理如下：如果双方企业偏好风险，即十分信任对方，那么企业在跨国技术联盟过程中会更多地关注共同利益；相反如果双方企业规避风险，在活动中会更关注私人利益，那么双方都会因为不完善的契约而产生各种纠纷，一般信任风险发生后，都会造成严重的企业核心技术的泄露或核心竞争力的丧失，从而增大了活动风险。

（2）跨国技术联盟知识共享的管理机制。

企业在开展跨国技术联盟知识共享活动时需要组织机构管理与约束企业的行为。基于跨国背景，企业因所在国家的法律与规则存在差异而会在管理机制设计上产生较大分歧，因此相比较于国内企业合作而言，跨国技术联盟管理机制的设计与运行对降低联盟活动风险的作用更为突出且重要。

管理机制的设计包括两大部分，人的管理与知识的管理。关于人的管理，合理且有效的管理机制，如奖惩机制，应急机制等，能够督促工作人员在既定的规则和制度下融洽合作，将跨国技术联盟中的投机行为扼杀在萌芽中，从而确保双方企业的合法利益。关于知识的管理，保密机制的设计就显得尤为重要，严密的保密机制能够保证企业的知识产权得以维护；反之，关于人的管理，混乱且低效的管理机制不仅无法维持整个组织的正常运行，还会引起双方工作人员的矛盾与纠纷，出现各种扯皮现象，企业间的信任度大打折扣，从而影响知识输出的质量与数量，最终导致合作的停滞或失败。关于知识的管理，知识本身带有溢出风险，如果知识管理机制有较大的漏洞，会导致企业核心知识的泄露从而使得企业遭受重大损失。

7.3.4　跨国技术联盟知识共享情境对风险的影响

（1）民族文化。

对于在跨国合作的企业而言，合作项目停滞或失败的原因总能追溯到国家与企业间的文化因素，因此对于跨国技术联盟知识共享活动而言，国别间的文化差异成为活动风险存在的因素之一。霍夫斯泰德提出的文化维度理论将民族文化划分为五个维度：个人主义与集体主义、权力距离、男性气质与女性气质、不确定性规避以及长期取向与短期取向。合作双方企业所在国家的文化差异就通过这五个维度体现，维度评分值越高，企业间的文化距离越大，反之，则越小。不同的文化距离影响着跨国技术联盟知识共享活动的风险大小。

适宜的文化距离是跨国技术联盟企业技术创新与价值创造的来源。个人主义与集体主义的融合帮助双方企业在关注个人利益的同时兼顾整体利益；权力距离的制衡使得技术联盟组织有一定的裁断能力，同时也不失去各自的自主权；不确定性规避的差异使得联盟组织一方面有严格的制度的硬环境，另一方面营造出互相信任的软环境；长期与短期取向的结合既保证了企业目前的平稳发展，又不局限于当前的发展；总而言之，适当的文化距离使合作企业产生不一样的思维碰撞，利于提高整体组织竞争力与创新性。

相反，国家之间的文化距离过大，五个维度的互补性就会转换为冲突，且文化距离越大，冲突愈加明显。此时如果没有及时而有效的应对机制，跨国技术联盟中企业的将降低知识投入价值，企业员工拒绝合作，最终导致技术联盟知识共享活动的失败。

（2）企业文化。

企业文化是一个企业所有的物质与精神财富的总和，其中包括以价值观为核心的企业精神、行为准则、企业制度、企业环境、核心产品等。相较于民族文化，企业文化体现在企业日常运作的方方面面，来源于日常，作用于日常，因此企业文化对跨国技术联盟知识共享活动的影响更加快速且直接。企业文化的形成是基于民族文化，因此民族文化的差异在很大程度上决定了企业文化的差异，但由于市场的开放，企业的不断国际化，慢慢出现了许多不由民族文化决定的企业特有的文化，例如企业的激励机制，职工文化等。不同类型的企业文化对其成员知识共享的激励方式和程度不同，因此跨国技术联盟知识共享的水平也会有所差异。

与民族文化一样，适宜的企业文化差异可以激发技术联盟企业间的灵感，寻找更多创新的可能性，并且在互相磨合过程中互补企业的缺陷；但是企业文化差异过大，尤其是当企业的价值观存在较大差异时，跨国技术联盟知识共享的合作往往难以成功。例如典型美国企业的价值取向是利润最大化，典型日本企业的价值取向是经济效益和社会效益共赢，典型中国企业的价值取向是经济利益与政府关系共赢，而典型西欧企业的价值取向为文化精神。每个企业基于典型国家特征的价值观，会根据企业自身的文化价值对企业价值观做出适当调整，最终如果跨国技术联盟合作企业之间的价值观存在互斥性或者互不认同的情形，将会给跨国技术联盟知识共享活动带来极大的文化风险。

第8章　跨国技术联盟知识共享的风险控制模型

8.1　跨国技术联盟知识共享的委托代理关系及风险控制模式

委托代理理论是契约理论的重要组成部分，应用于双方在信息不对称的前提下进行各类交易活动的情境中。信息的不对称又可以分为事前不对称与事后不对称，事前信息不对称使交易活动存在逆向选择风险，事后信息不对称使交易活动存在道德风险，两种情况均会导致一方利益受损。进行交易活动时，交易双方之间存在委托代理关系，由于双方针对交易活动所掌握的信息数量及质量各不相同，因此专业化程度有所差异，专业化程度较高，即具有信息优势的一方称为代理人，而另一方则称为委托人。在交易过程中代理人可能利用自身的信息优势，通过隐瞒信息的行为实现自身利益的最大化，最后偏离委托人的目标函数并导致委托人受损。因此委托代理理论要求在交易过程中设计相应的契约约束代理人的机会主义行为，使得双方利益达到帕累托最优状态。

在跨国技术联盟活动中，企业通过文字、图像、口头表达等方式进行技术交流与合作，技术交流与合作的本质就是知识共享。在知识共享过程中，一方面，技术水平的高低意味着双方拥有的知识质量存在差异，另一方面，主动提出技术联盟的企业所共享的信息会远远多于被动接受技术联盟的企业所提供的信息，后者会向前者隐瞒一些私有信息，即存在信息不对称的情况。由此可见，企业在进行跨国技术联盟知识共享的过程中也存在着委托代理关系，主动提出技术联盟，提供更多信息的企业为委托方，被动接受技术联盟进而提供信息的企业为代理方。为了防止代理企业利用自身的技术优势或信息优势损害委托方企业的利益，需要设定一定的条件对代理企业的行为进行控制，以保证委托方企业的利益得以实现。委托代理理论阐述了跨国技术联盟活动中双方企业之间的联系与差异，同时也揭露了跨国技术联盟知识共享活动中风险的重要来源，即双方企业的技术水平差异以及信息不对称。

风险的存在导致成本费用的增加或预期经济利益的减少，最终表现为收益的减少。风险管理是一个识别和评价风险，并制定对策和实施风险处理方案的过程，它在一定程度上可以降低风险发生的概率并控制在一定范围内，但不能完全消灭风险，其目标就是将潜在损失值或实际损失值降至最低。

基于跨国技术联盟知识共享的背景下，针对识别出的风险点进行风险控制的主要措施如下：（1）构建能有效控制知识共享风险的组织体系，制订联盟知识共享的宗旨和制度；（2）构建多方位的信任与合作关系，营造一种相互学习的组织文化；（3）构建公平合理的利益分配机制；（4）建立知识产权保护和知识共享风险的防范系统。其中，构建组织文化以及健全知识产权保护两类风险控制举措的实施难度较大，国别差异所导致的企业间文化以及国家的知识产权制度存在极大的分歧与矛盾，两者均需要长期的构建与完善才能发挥根本性作用，短时间内不能即时地对跨国技术联盟知识共享进行有效的风险控制。此外，构建控制知识共享风险的组织体系一方面会增加额外的监督成本，另一方面，监督交由企业职员执行，人的行为存在较大的不确定性，因此监督结果还会间接受到人这一因素的影响，并不能将风险降至最低。相反的，虽然构建利益分配机制也会增加激励成本，但是其作用结果直接体现在企业的收益中，能够确保将跨国技术联盟知识共享的风险降至最低。

由此可见，根据风险的大小来调整知识交易的价格，反映风险控制的成本，最终控制知识共享收益的措施最契合跨国技术联盟知识共享背景下的风险控制需求。基于此，委托方提出最优风险分担方案，其中给予代理方一定比例的收益作为激励，使其按照既定目标行动，以达到风险控制的目的，并求得最优风险收益系数。与此同时，根据风险收益系数的影响因素，可推导出跨国技术联盟知识共享风险的控制要点。

特别地，在跨国技术联盟知识共享过程中，主动提出技术联盟的委托方处于信息劣势，被动接受技术联盟的代理方拥有信息优势。其中，主动提出技术联盟知识共享的企业有两种类型：一是需求拉动型的技术联盟知识共享；二是供给推动型的技术联盟知识共享。

8.2　需求拉动下跨国技术联盟知识共享风险控制模型研究

需求拉动下跨国技术联盟知识共享的企业关系如图 8－1 所示：

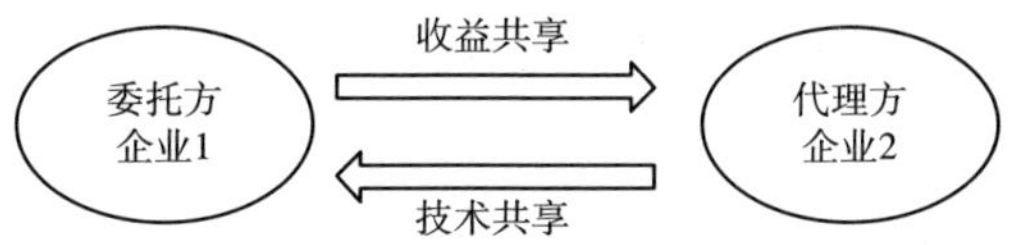

图 8－1　需求拉动下跨国技术联盟的企业关系

此时，委托企业自身技术水平较低，期望通过与高技术水平企业的互相学习与合作，有利于提升自身的技术质量水平，并进一步研发出高技术含量的产品与服务。此时，委托方通过专利购买或利润共享等方式诱使代理方与其进行技术联盟合作，进而发生知识共享。

此外，该模型的建立基于以下前提：当企业 1 作为委托方主动向代理方的企业 2 提出技术联盟知识共享时，企业 1 会主动积极地向企业 2 提供所有交易活动的相关信息，因此，相对于企业 2 而言，企业 1 不拥有私密信息。例如海尔基于全球消费者需求变化，为了研发整套绿色生活解决方案，主动提出与美国陶氏开展技术联盟，将陶氏的最新专利技术 Pascal 真空发泡项目引入冰箱领域。

8.2.1　模型假设及参数表示

假设一：在需求拉动的技术联盟知识共享中，相对于企业 2 而言，企业 1 的技术水平较低，企业 1 主动提出与企业 2 进行技术联盟。企业 2 向企业 1 进行技术转移活动时传递的知识价值为 b；企业 1 在学习、吸收并同化企业 2 的技术时所投入的技术水平为 a，知识价值 b 越大，技术水平 a 越高，那么技术联盟知识共享产生的价值就越大。其中，企业 1 吸收的知识价值并不等于企业 2 转移的知识价值，最终的知识价值还受到以下两个因素影响：企业 2 的知识转移能力 α 和企业 1 的知识吸收能力 β（α，β 均大于 0）。由此可得，技术联盟知识共享的知识价值产出公式为：$\varepsilon = a + \alpha\beta b + \theta$，其中 θ 是均值为

0，方差等于 σ^2 的正态分布随机变量，代表外部的不确定因素。

假设二：将技术联盟知识共享的最终知识价值转换为可计量的收益，为了激励企业 2 配合企业 1，企业 1 承诺给予企业 2 最终收益的 $\lambda(0<\lambda<1)$，由此可得，企业 2 在该技术联盟知识共享活动中收益为 $s(\varepsilon)=\varpi+\lambda\varepsilon$，其中 ϖ 为企业 2 的固定收入。

假设三：关于成本的计算，对于企业 1 来说，成本主要是学习新技术时所投入的技术成本，由此可得 $C_1=\frac{1}{2}m_1a^2$，m_1 是企业 1 学习新技术的技术成本系数，且 $m_1\geqslant 0$。对于企业 2 来说，成本来源主要是向企业 1 传递的知识价值 b，$C_2=\frac{1}{2}m_2b^2$，m_2 是企业 2 转移技术的知识价值系数，且 $m_2\geqslant 0$。

假设四：基于代理方的机会主义行为以及人的有限理性假设，跨国技术联盟企业间的知识共享活动是有风险存在的。由于技术要素对企业而言是至关重要的，是一个企业的立身之本，因此企业 1 与企业 2 均会选择规避风险，属于风险规避型企业，效用函数的“绝对风险规避系数”不变，即为常数。由此可得，具有不变绝对风险规避特征的效用函数：$u_1=-e^{-\rho_1\varepsilon_1}$，$u_2=-e^{-\rho_2\varepsilon_2}$。其中，常数 ρ_1、ρ_2 分别为企业 1 与企业 2 的绝对风险规避系数，且均大于 0；ε_1、ε_2 分别为企业 1 和企业 2 的实际收益。

8.2.2 模型建立及求解

（1）企业 1 的确定性等值收入 CE_1。

基于假设一、假设二、假设三，企业 1 最终实际的知识产值收益 = 技术联盟知识共享总收入—支付于企业 2 的收入比以及固定收入—学习新技术时所投入的技术成本，由此可得：

$$\varepsilon_1=\varepsilon-s(\varepsilon)-C_1=(1-\lambda)(a+\alpha\beta b+\theta)-\varpi-\frac{1}{2}m_1a^2 \tag{8-1}$$

确定性等值满足以下条件：$u(CE_1)=u(E\varepsilon_1)$，即确定性等值是一个完全确定的收入量，在此收入水平上所对应的效用水平等于不确定条件下期望的效用水平，然而基于假设四，企业 1 具有规避风险特性，在风险回避的情况下存在风险升水，因此期望收益 $E\varepsilon_1$ 包含了两部分：确定性等值收入 CE_1 以及不确定性因素的风险成本，即 $u(CE_1)=u(E\varepsilon_1-C_{1*})$，因此，$CE_1=E\varepsilon_1-$

C_{1*}，其中该风险成本与企业1收入的方差成正比，可得到企业1的风险成本为 $C_{1*}=\frac{1}{2}\rho_1(D\varepsilon_1)=\frac{1}{2}\rho_1(1-\lambda)^2\sigma^2$，由此可得：

$$CE_1=E\varepsilon_1-C_{1*}=(1-\lambda)(a+\alpha\beta b)-\varpi-\frac{1}{2}m_1a^2-\frac{1}{2}\rho_1(1-\lambda)^2\sigma^2 \tag{8-2}$$

（2）企业2的确定性等值收入 CE_2。

同理，基于假设一、假设二、假设三，企业2的实际收益 = 企业2的收入—转移的知识价值，由此可得：

$$\varepsilon_2=s(\varepsilon)-C_2=\lambda(a+\alpha\beta b+\theta)+\varpi-\frac{1}{2}m_2b^2 \tag{8-3}$$

企业2同样是厌恶风险型企业，根据效用函数特性，$u(CE_2)=u(E\varepsilon_2-C_{2*})$，得到企业2的确定性等值收入：

$$\begin{aligned}CE_2&=E(\varepsilon_2)-C_{2*}=E(\varepsilon_2)-\frac{1}{2}\rho_2(D\varepsilon_2)\\&=\lambda(a+\alpha\beta b)+\varpi-\frac{1}{2}m_2b^2-\frac{1}{2}\rho_2\lambda^2\sigma^2\end{aligned} \tag{8-4}$$

（3）模型约束条件。

约束条件包括两部分：一是确保技术联盟知识共享合作的发生，即参与约束；二是激励企业2向企业1转移最大的知识价值 b，即激励相容约束。

参与约束条件（IR）即要保证技术联盟知识共享合作的发生，合作成功与否关键取决于企业2是否有意愿参与，而企业2参与的意愿基于合作带来的收入。因此，假设企业2的保留收入水平为 φ，当企业2的确定性等值收入 CE_2 为低于保留收入水平 φ 时，企业2将拒绝企业1主动提出的技术联盟知识共享，由此可得第一个约束条件：$CE_2\geqslant\varphi$，即，

$$\lambda(a+\alpha\beta b)+\varpi-\frac{1}{2}m_2b^2-\frac{1}{2}\rho_2\lambda^2\sigma^2\geqslant\varphi \tag{8-5}$$

激励相容约束条件（IC）即要推动企业2转移出最大知识价值 b，因此需要对企业2的确定性等值收益公式中的b求导，以求得b的最大值：

$$\frac{\partial CE_2}{\partial b}=\lambda\alpha\beta-m_2b=0,\text{得到 } b=\frac{\lambda\alpha\beta}{m_2} \tag{8-6}$$

（4）需求拉动下技术联盟知识共享的风险控制模型。

基于在需求拉动下的技术联盟知识共享中，企业1既是需求方，也是委托方，在满足合作发生的前提下，企业1为了防止企业2（代理方）采取机

会主义行为，需要确保企业 2 的利益不低于其保留收益水平，进一步促使企业 2 朝着最大化企业 1 的目标函数而努力。总而言之，其核心约束条件是通过调整 λ 的大小确保企业 2 的确定性等值收入不低于保留收入水平，其最终目标是最大化企业 1 的确定性等值收益，由此可得联立方程组，即风险控制模型：

其中，将 λ 作为公式的自变量，

$$\begin{cases} s.t. \quad \lambda(a+\alpha\beta b)+\varpi-\dfrac{1}{2}m_2 b^2-\dfrac{1}{2}\rho_2\lambda^2\sigma^2=\varphi \\ b=\dfrac{\lambda\alpha\beta}{m_2} \\ \max\left[(1-\lambda)(a+\alpha\beta b)-\varpi-\dfrac{1}{2}m_1 b^2-\dfrac{1}{2}\rho_1\lambda^2\sigma^2\right] \end{cases}$$

当 $CE_2=\varphi$ 时，企业 2 就会参与技术联盟知识共享，因此，上述等式取等号。

（5）模型求解。

将满足激励相容约束条件的等式以及满足参与约束条件的等式代入目标函数，即企业 1 的最大化确定性等值收入公式，并且对 a，λ，b 求导，得到最大化确定性等值收入所对应的变量关系，化简可得：

$$a^*=\frac{1}{m_1} \tag{8-7}$$

$$\lambda^*=\frac{\alpha^2\beta^2+\rho_1 m_2\sigma^2}{\alpha^2\beta^2+\rho_1 m_2\sigma^2+\rho_2 m_2\sigma^2} \tag{8-8}$$

$$b^*=\frac{\alpha^3\beta^3+\rho_1 m_2\sigma^2\alpha\beta}{\alpha^2\beta^2 m_2+\rho_1 m_2^2\sigma^2+\rho_2 m_2^2\sigma^2} \tag{8-9}$$

8.2.3 模型变量关系解释

（1）根据变量关系式（8-7），因为 $m_1>0$，$\dfrac{1}{m_1}>0$，由此可得：企业 1 在进行跨国技术联盟知识共享过程中学习技术知识的成本与投入该过程中的技术水平成反比，即技术投入水平越高，企业 1 付出的成本越小。

（2）根据变量关系式（8-8），因为风险控制模型中 λ 作为自变量，因此 λ^* 代表的含义是当企业 1 取得最大确定性等值收入时所对应的最佳风险收益系数，与此同时 λ^* 也表示当企业 1 取得最大确定性等值收入时，企业 1 给

企业 2 分配的收入比重。在此基础上，继续对关系式（8－8）分别求导$\frac{\partial\lambda^*}{\partial\rho_1}$、$\frac{\partial\lambda^*}{\partial\rho_2}$、$\frac{\partial\lambda^*}{\partial m_2}$、$\frac{\partial\lambda^*}{\partial\alpha}$、$\frac{\partial\lambda^*}{\partial\beta}$、$\frac{\partial\lambda^*}{\partial\sigma^2}$，由此可得：

$$\frac{\partial\lambda^*}{\partial\rho_1}=\frac{m_2^2\sigma^4\rho_2}{m_2^2\sigma^4\rho_2^4+(2\rho_1m_2^2\sigma^4+2\alpha^2\beta^2m_2\sigma^2)\rho_2+\rho_1^2m_2^2\sigma^4+2\alpha^2\beta^2\rho_1m_2\sigma^2+\alpha^4\beta^4},$$

其中 $\rho_1\rho_2$ 作为企业 1 和企业 2 的绝对风险规避系数大于 0，并且 m_2 作为企业 2 的成本系数，也大于 0，得到$\frac{\partial\lambda^*}{\partial\rho_1}>0$。因此，说明企业 1 最佳风险收益系数与其风险规避系数成正比，即企业 1 越是厌恶风险，其最佳风险收益系数越大，同时意味着确定性等值收益最大。原因解释：企业 1 厌恶风险，于是通过给予企业 2 更大的收入比例，将风险转移给企业 2，从而将风险降至最低，获得最大化收益。

$$\frac{\partial\lambda^*}{\partial\rho_2}=-\frac{\rho_1m_2^2\sigma^4+\alpha^2\beta^2m_2\sigma^2}{m_2^2\sigma^4\rho_2^2+(2\rho_1m_2^2\sigma^4+2\alpha^2\beta^2m_2\sigma^2)\rho_2+\rho_1^2m_2^2\sigma^4+2\alpha^2\beta^2\rho_1m_2\sigma^2+\alpha^4\beta^4},$$

同理，$\rho_1\rho_2$ 作为企业 1 和企业 2 的绝对风险规避系数大于 0，并且 m_2 作为企业 2 的成本系数，也大于 0，得到$\frac{\partial\lambda^*}{\partial\rho_2}<0$。因此，说明企业 1 的最佳风险收益系数与企业 2 的风险规避系数成反比，即企业 2 越是厌恶风险，企业 1 的最佳风险收益系数越小，同时企业 2 在最终收入中分成比例也越小。原因解释：当企业 2 厌恶风险时，其转移给企业 1 的技术知识价值就低，因此企业 1 在签订契约时就会降低给予企业 2 的收入占比。反之，对于企业 1 来说，如果开展技术联盟知识共享的合作对象是风险规避型的，那么应该预测到最终的收益价值并不会很大，如果要开展合作，需要进一步斟酌给予企业 2 的分成占比。

$$\frac{\partial\lambda^*}{\partial m_2}=-\frac{\alpha^2\beta^2\sigma^2\rho_2}{m_2^2\sigma^4\rho_2^2+(2\rho_1m_2^2\sigma^4+2\alpha^2\beta^2m_2\sigma^2)\rho_2+\rho_1^2m_2^2\sigma^4+2\alpha^2\beta^2\rho_1m_2\sigma^2+\alpha^4\beta^4},$$

同理，$\rho_1\rho_2$ 作为企业 1 和企业 2 的绝对风险规避系数大于 0，并且 m_2 作为企业 2 的成本系数，也大于 0，得到$\frac{\partial\lambda^*}{\partial m_2}<0$。因此，说明企业 1 的最佳风险收益系数与企业 2 技术转移成本系数成反比，即企业 2 技术转移的难度越大，企业 1 的最佳风险收益系数越小，企业 2 所的分成占比越小。原因解释：技术转移难度越大，一方面意味着企业 2 需要投入更多的成本，基于企业 2 为

风险规避型企业，它将减少技术的转移量，于是企业 1 接收到的技术知识价值就降低了；另一方面，当企业 1 了解到企业 2 转移技术难度较大时，可以预测到确定性收益会降低，因此企业 2 的收入会降低。

$$\frac{\partial \lambda^*}{\partial \alpha} = \frac{2\alpha\beta^2 m_2\sigma^2\rho_2}{m_2^2\sigma^4\rho_2^2 + (2\rho_1 m_2^2\sigma^4 + 2\alpha^2\beta^2 m_2\sigma^2)\rho_2 + \rho_1^2 m_2^2\sigma^4 + 2\alpha^2\beta^2\rho_1 m_2\sigma^2 + \alpha^4\beta^4},$$

同理，$\rho_1\rho_2$ 作为企业 1 和企业 2 的绝对风险规避系数大于 0；m_2 作为企业 2 的成本系数大于 0；并且 α 作为企业 1 的知识吸收能力系数也大于 0，得到 $\frac{\partial \lambda^*}{\partial \alpha}>0$。因此，说明企业 1 的最佳风险收益系数与企业 1 的知识吸收能力成正比，即企业 1 知识吸收能力越强，其最佳风险收益系数越大，企业 2 的分成占比越大。原因解释：企业 1 知识吸收能力强，则知识创新产值就越大，因此企业 1 更愿意激励企业 2 进行技术联盟知识共享，愿意将更大的收入比例作为奖励给予企业 2。

$$\frac{\partial \lambda^*}{\partial \beta} = \frac{2\alpha^2\beta m_2\sigma^2\rho_2}{m_2^2\sigma^4\rho_2^2 + (2\rho_1 m_2^2\sigma^4 + 2\alpha^2\beta^2 m_2\sigma^2)\rho_2 + \rho_1^2 m_2^2\sigma^4 + 2\alpha^2\beta^2\rho_1 m_2\sigma^2 + \alpha^4\beta^4},$$

同理，$\rho_1\rho_2$ 作为企业 1 和企业 2 的绝对风险规避系数大于 0；m_2 作为企业 2 的成本系数大于 0；并且 β 作为企业 1 的知识吸收能力系数也大于 0，得到 $\frac{\partial \lambda^*}{\partial \beta}>0$。因此，说明企业 1 的最佳风险收益系数与企业 2 的转移能力成正比，即企业 2 转移知识的能力越强，企业 1 的最佳风险收益系数越大，企业 2 的分成占比越大。原因解释：企业 2 转移知识的能力强，则企业 1 接收的知识价值就大，从而创造出更大价值的收益，因此企业 1 愿意激励企业 2 进行技术联盟知识共享，从而企业 2 获得更大的分成比例。

综合$\frac{\partial \lambda^*}{\partial \alpha}$、$\frac{\partial \lambda^*}{\partial \beta}$的分析结果，在跨国技术联盟背景下，不同国家之间的文化差异影响不同企业职员形成了不同的思维方式，各自对同一事物的认知方式有所差异，进一步影响知识的转移与吸收。企业 1 和企业 2 的工作人员围绕技术联盟展开合作，由于社会语境的不同，知识的理解会产生差异，因此会影响知识的转移与吸收。

$$\frac{\partial \lambda^*}{\partial \sigma^2} = -\frac{2\alpha^2\beta^2 m_2\rho_2}{m_2^2\sigma^4\rho_2^2 + (2\rho_1 m_2^2\sigma^4 + 2\alpha^2\beta^2 m_2\sigma^2)\rho_2 + \rho_1^2 m_2^2\sigma^4 + 2\alpha^2\beta^2\rho_1 m_2\sigma^2 + \alpha^4\beta^4},$$

同理，$\rho_1\rho_2$ 作为企业 1 和企业 2 的绝对风险规避系数大于 0；m_2 作为企业 2 的成本系数大于 0；得到$\frac{\partial \lambda^*}{\partial \sigma^2}<0$。因此，说明企业 1 的最佳风险收益系数与

不确定因素成反比，即外部不确定因素越多，企业 1 的最佳风险收益系数越小，企业 2 的分成占比越小。原因解释：当外部不确定性因素多时，则意味着跨国技术联盟知识共享的风险越大，导致企业 1 最大化的确定性等值收入较少，通过增加企业 2 的收入分成也不能降低外部风险，因此企业 1 在激励契约中会较少企业 2 的收入比例。

（3）根据变量关系式（8－9），b^* 代表的含义是当企业 1 取得最大确定性等值收入时所对应的企业 2 的最大知识转移价值量，在此基础上，继续对关系式（8－9）分别求导$\frac{\partial b^*}{\partial \rho_1}$、$\frac{\partial b^*}{\partial \rho_2}$、$\frac{\partial b^*}{\partial m_2}$、$\frac{\partial b^*}{\partial \alpha}$、$\frac{\partial b^*}{\partial \beta}$、$\frac{\partial b^*}{\partial \sigma^2}$，由此可得：

$$\frac{\partial b^*}{\partial \rho_1}=\frac{\alpha\beta m_2\sigma^4 f}{m_2^2\sigma^4 f^2+(2\rho_1 m_2^2\sigma^2+2\alpha^2\beta^2 m_2\sigma^2)\rho_2+\rho_1^2 m_2^2\sigma^4+2\alpha^2\beta^2\rho_1 m_2\sigma^2+\alpha^4\beta^4},$$

其中 $\rho_1\rho_2$ 作为企业 1 和企业 2 的绝对风险规避系数大于 0；m_2 作为企业 2 的成本系数也大于 0；α、β 分别为企业 1 的知识吸收能力系数和企业 2 的知识转移能力系数，也均大于 0，得到$\frac{\partial b^*}{\partial \rho_1}>0$。因此，说明企业 2 的知识转移价值量与企业 1 的绝对风险规避系数成正比，即企业 1 越是厌恶风险，那么企业 2 转移的技术知识价值就越大。原因解释：在技术联盟过程中，委托方的企业 1 作为一个风险规避型企业，将试图将风险转移至代理方企业 2，通过提升企业 2 在总收益中的分成占比诱使其承担起企业 1 不愿承担的风险。对于乙企业来说，收入的增加可以让它投入更多的成本，即知识转移价值量的增加。

$$\frac{\partial b^*}{\partial \rho_2}=-\frac{\alpha\beta\rho_1 m_2\sigma^4+\alpha^3\beta^3\sigma^2}{m_2^2\sigma^4 f^2+(2\rho_1 m_2^2\sigma^2+2\alpha^2\beta^2 m_2\sigma^2)\rho_2+\rho_1^2 m_2^2\sigma^4+2\alpha^2\beta^2\rho_1 m_2\sigma^2+\alpha^4\beta^4},$$

其中 $\rho_1\rho_2$ 作为企业 1 和企业 2 的绝对风险规避系数大于 0；m_2 作为企业 2 的成本系数也大于 0；α、β 分别为企业 1 的知识吸收能力系数和企业 2 的知识转移能力系数，也均大于 0，得到$\frac{\partial b^*}{\partial \rho_2}<0$。因此，说明企业 2 的知识转移价值量与其自身的绝对风险规避系数成反比，即企业 2 越是厌恶风险，那么其转移的技术知识价值就越小。原因解释：在技术联盟中，当企业 2 是一个风险规避型企业时，那么就不愿意过多投入成本，从而知识转移的价值降低了。

$$\frac{\partial b^*}{\partial m_2}=-\frac{(\alpha\beta\rho_1 m_2^2\sigma^4+2\alpha^3\beta^3 m_2\sigma^2)\rho_2+\alpha\beta\rho_1^2 m_2^2\sigma^4+2\alpha^3\beta^3\rho_1 m_2\sigma^2+\alpha^5\beta^5}{m_2^2\sigma^4 f^2+(2\rho_1 m_2^2\sigma^2+2\alpha^2\beta^2 m_2\sigma^2)\rho_2+\rho_1^2 m_2^2\sigma^4+2\alpha^2\beta^2\rho_1 m_2\sigma^2+\alpha^4\beta^4},$$

其中 $\rho_1\rho_2$ 作为企业 1 和企业 2 的绝对风险规避系数大于 0；m_2 作为企业 2 的

成本系数也大于0；α、β 分别为企业 1 的知识吸收能力系数和企业 2 的知识转移能力系数，也均大于 0，得到$\frac{\partial b^*}{\partial m_2}<0$。因此，说明企业 2 的知识转移价值量与其知识转移成本系数成反比，即知识转移成本越大，企业 2 转移给企业 1 的知识价值就越小。原因解释：转移成本越大，给企业 2 带来的不利影响越多，知识转移的难度就越大，因此企业 2 选择减少知识转移价值量，从而降低交易成本。

$$\frac{\partial b^*}{\partial \alpha}=\frac{(\beta\rho_1 m_2^2\sigma^4+3\alpha^2\beta^3 m_2\sigma^2)\rho_2+\beta\rho_1^2 m_2^2\sigma^4+2\alpha^3\beta^3\rho_1 m_2\sigma^2+\alpha^5\beta^5}{m_2^2\sigma^4 f^2+(2\rho_1 m_2^2\sigma^2+2\alpha^2\beta^2 m_2\sigma^2)\rho_2+\rho_1^2 m_2^2\sigma^4+2\alpha^2\beta^2\rho_1 m_2\sigma^2+\alpha^4\beta^4},$$

其中 $\rho_1\rho_2$ 作为企业 1 和企业 2 的绝对风险规避系数大于 0；m_2 作为企业 2 的成本系数也大于 0；α、β 分别为企业 1 的知识吸收能力系数和企业 2 的知识转移能力系数，也均大于 0，得到$\frac{\partial b^*}{\partial \alpha}>0$。因此，说明企业 2 的知识转移价值量与其企业 1 的知识吸收能力系数成正比，即企业 1 的知识吸收能力越强，企业 2 转移给企业 1 的知识价值就越大。原因解释：当企业 1 的知识吸收能力较强时，不存在知识难度的问题而影响最终的知识价值产出，因此只需要通过扩大企业 2 的收入分成比例，鼓励企业 2 加大知识价值的输出，最终使得确定性等值收入最大。

$$\frac{\partial b^*}{\partial \beta}=\frac{(\alpha\rho_1 m_2^2\sigma^4+3\alpha^3\beta^2 m_2\sigma^2)\rho_2+\alpha\rho_1^2 m_2^2\sigma^4+2\alpha^3\beta^2\rho_1 m_2\sigma^2+\alpha^5\beta^5}{m_2^2\sigma^4 f^2+(2\rho_1 m_2^2\sigma^2+2\alpha^2\beta^2 m_2\sigma^2)\rho_2+\rho_1^2 m_2^2\sigma^4+2\alpha^2\beta^2\rho_1 m_2\sigma^2+\alpha^4\beta^4},$$

其中 $\rho_1\rho_2$ 作为企业 1 和企业 2 的绝对风险规避系数大于 0；m_2 作为企业 2 的成本系数也大于 0；α、β 分别为企业 1 的知识吸收能力系数和企业 2 的知识转移能力系数，也均大于 0，得到$\frac{\partial b^*}{\partial \beta}>0$。因此，说明企业 2 的知识转移价值量与其知识转移能力系数成正比，即企业 2 的知识转移能力越强，企业 2 的知识转移价值量越大。原因解释：当企业 2 的知识转移能力较强时，企业 1 希望激励企业 2 转移出更大的知识价值，因此提升了分成比例，同时将风险转移至企业 2。

$$\frac{\partial b^*}{\partial \sigma^2}=-\frac{2\alpha^3\beta^3\sigma\rho_2}{m_2^2\sigma^4 f^2+(2\rho_1 m_2^2\sigma^2+2\alpha^2\beta^2 m_2\sigma^2)\rho_2+\rho_1^2 m_2^2\sigma^4+2\alpha^2\beta^2\rho_1 m_2\sigma^2+\alpha^4\beta^4},$$

其中 $\rho_1\rho_2$ 作为企业 1 和企业 2 的绝对风险规避系数大于 0；m_2 作为企业 2 的成本系数也大于 0；α、β 分别为企业 1 的知识吸收能力系数和企业 2 的知识转移能力系数，也均大于 0，得到$\frac{\partial b^*}{\partial \sigma^2}<0$。因此，说明企业 2 的知识转移价

值量与技术联盟活动的不确定性成反比，即当外部不确定性越大，企业 2 的知识转移价值量就越小。原因解释：当外部不可控的风险越多时，作为代理方的企业 2 就会更倾向于通过降低投入成本，从而降低外部因素带来的风险。

基于（1）（2）（3）的分析，在求解收益最大化的过程中，分析得到各因素在跨国技术联盟背景下对最终收益的影响，总结如下：

第一，确定性等值收入的最佳风险收益系数，即企业 2（代理方，知识转移方）的收益分成比例随着企业 1（委托方、知识接收方）的风险规避系数、知识吸收能力以及企业 2 的知识转移能力的增大而增大，随着企业 2 的风险规避系数、知识转移成本系数以及外部因素的不确定性的增大而减小。

第二，企业 2 转移的知识价值量随着企业 1 的绝对风险规避系数、知识吸收能力系数以及企业 2 的知识转移能力系数的增大而增大，随着企业 2 的风险规避系数、知识转移成本系数以及外部不确定性的增大而减小。

8.3　供给推动下跨国技术联盟知识共享风险控制模型研究

供给推动下跨国技术联盟知识共享的企业关系，如图 8 - 2 所示。

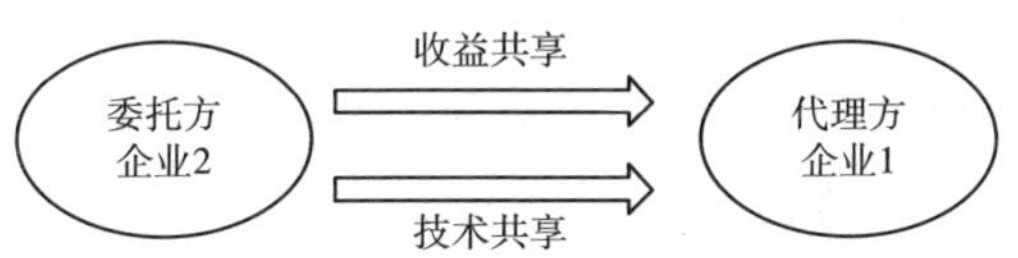

图 8 - 2　供给推动下跨国技术联盟的企业关系

此时，相对代理企业而言，委托企业自身技术水平较高，为了成功开发某一类产品或服务，委托方针对性地与拥有特定技术的代理方开展技术联盟合作。此时，委托方通过专利共享或股份转让等形式促成技术联盟的发生。

此外，该模型的建立基于以下前提：当企业 2 作为委托方主动向代理方的企业 1 提出技术联盟知识共享时，企业 2 会主动积极地向企业 1 提供所有交易活动的相关信息，因此，相对于企业 1 而言，企业 2 不拥有私密信息。例如中国第一汽车集团与德国大众汽车的技术联盟中，德国大众汽车为了推动中国市场的发展，主动向中国第一汽车集团传递新的技术。

8.3.1 模型假设及参数表示

假设一：企业 2 向企业 1 进行技术转移活动时传递的知识价值为 b；企业 1 在学习、吸收并同化企业 2 的技术时所投入的技术为水平 a，知识价值 b 越大，技术水平 a 越高，那么技术联盟知识共享产生的价值就越大。其中，企业 1 吸收的知识价值并不等于企业 2 转移的知识价值，最终的知识价值还受到以下两个因素影响：企业 2 的知识转移能力 α 和企业 1 的知识吸收能力 β。基于需求拉动下跨国技术联盟知识共享的风险控制模型研究结果，可以发现，企业 2 的知识转移能力系数与企业 1 的知识吸收能力系数对于最终收益的影响是同向的，因此本章将这两个因子重新概念化为一个变量—相对吸收能力 $\gamma(1>\gamma>0)$，它由两个维度组成，委托方与代理方之间的重叠知识以及两者之间的认知一致性。

由此可得，技术联盟知识共享的知识价值产出公式为：$\varepsilon=a+\gamma b+\theta$，其中 θ 是均值为 0，方差等于 σ^2 的正态分布随机变量，代表外部的不确定因素。

假设二：将技术联盟知识共享的最终知识价值转换为可计量的收益，企业 2 的最终收益占总收益的 $\lambda\%$，为了激励企业 1 配合知识共享活动的积极性，企业 2 给予企业 1 一定的固定收入 ϖ 以及分成 $(1-\lambda)\%$。由此可得，企业 1 在该技术联盟知识共享活动中收益为 $s(\varepsilon)=(1-\lambda)\varepsilon+\varpi$。

假设三：关于成本的计算，对于企业 1 来说，成本主要是学习新技术时所投入的技术成本，由此可得 $C_1=\frac{1}{2}m_1a^2$，m_1 是企业 1 学习新技术的技术成本系数，且 $m_1\geqslant0$。对于企业 2 来说，成本来源主要是向企业 1 传递的知识价值量 b，$C_2=\frac{1}{2}m_2b^2$，$m_{乙}$ 是企业 2 转移技术的知识价值成本系数，且 $m_2\geqslant0$。

假设四：基于代理方的机会主义行为以及人的有限理性假设，跨国技术联盟企业间的知识共享活动是有风险存在的。由于技术要素对企业而言是至关重要的，是一个企业的立身之本，因此在该背景下，企业 1 与企业 2 均会选择规避风险，属于风险规避型企业，效用函数的“绝对风险规避系数”不变，即为常数。由此可得，具有不变绝对风险规避特征的效用函数：$u_1=-e^{-\rho_1\varepsilon_1}$，$u_2=-e^{-\rho_2\varepsilon_2}$。其中，常数 ρ_1、ρ_2 分别为企业 1 与企业 2 的绝对风险规避系数，且均大于 0；ε_1、ε_2 分别为企业 1 和企业 2 的实际收益。

8.3.2　模型建立及求解

（1）企业 1 的确定性等值收入 CE_1。

基于假设一、假设二、假设三，企业 1 最终实际的知识产值收益 = 技术联盟知识共享固定收入 + 分成—学习新技术时所投入的技术成本，由此可得：

$$\varepsilon_1=s(\varepsilon)-C_1=(1-\lambda)(a+\gamma b+\theta)+\varpi-\frac{1}{2}m_1a^2 \tag{8-10}$$

确定性等值满足以下条件：$u(CE_1)=u(E\varepsilon_1)$，即确定性等值是一个完全确定的收入量，在此收入水平上所对应的效用水平等于不确定条件下期望的效用水平，然而基于假设四，企业 1 具有规避风险特性，在风险回避的情况下存在风险升水，因此期望收益 $E\varepsilon_1$ 包含了两部分：确定性等值收入 CE_1 以及不确定性因素的风险成本，即 $u(CE_1)=u(E\varepsilon_1-C_{1*})$，因此，$CE_1=E\varepsilon_1-C_{1*}$，其中该风险成本与企业 1 收入的方差成正比，可得到企业 1 的风险成本为 $C_{1*}=\frac{1}{2}\rho_1(D\varepsilon_1)=\frac{1}{2}\rho_1(1-\lambda)^2\sigma^2$，由此可得：

$$\begin{aligned}CE_1&=E\varepsilon_1-C_{1*}\\&=(1-\lambda)(a+\gamma b)+\varpi-\frac{1}{2}m_1a^2-\frac{1}{2}\rho_1(1-\lambda)^2\sigma^2\end{aligned} \tag{8-11}$$

（2）企业 2 的确定性等值收入 CE_2。

同理，基于假设一、假设二、假设三，企业 2 的实际收益 = 企业 2 的收入—转移的知识价值成本 - 企业 1 的固定收入，由此可得：

$$\varepsilon_2=s(\varepsilon)-C_2=\lambda(a+\gamma b+\theta)-\frac{1}{2}m_2b^2-\varpi \tag{8-12}$$

企业 2 同样是厌恶风险型企业，根据效用函数特性，$u(CE_2)=u(E\varepsilon_2-C_{2*})$，得到企业 2 的确定性等值收入：

$$\begin{aligned}CE_2&=E(\varepsilon_2)-C_{2*}=E(\varepsilon_2)-\frac{1}{2}\rho_2(D\varepsilon_2)\\&=\lambda(a+\gamma b)-\frac{1}{2}m_2b^2-\varpi-\frac{1}{2}\rho_2\lambda^2\sigma^2\end{aligned} \tag{8-13}$$

（3）模型约束条件。

约束条件包括两部分：一是确保技术联盟知识共享合作的发生，即参与约束；二是激励企业 1 向企业 2 吸收最大的知识价值 b，即激励相容约束。

参与约束条件（IR）即要保证技术联盟知识共享合作的发生，合作成功与否关键取决于企业 1 是否有意愿参与。因此，假设企业 1 的保留收入水平为 φ，由此可得第一个约束条件：$CE_1 \geqslant \varphi$，即，

$$(1-\lambda)(a+\gamma b)+\varpi-\frac{1}{2}m_1a^2-\frac{1}{2}\rho_1(1-\lambda)^2\sigma^2 \geqslant \varphi \tag{8-14}$$

激励相容约束条件（IC）即要推动企业 1 投入更高的技术水平 a 吸收知识，因此对企业 1 的确定性等值收益公式中的 a 求导，以求得 a 的最大值：

$$\frac{\partial CE_1}{\partial a}=1-\lambda-m_1a=0,\text{ 得到 } a=\frac{1-\lambda}{m_1} \tag{8-15}$$

（4）供给推动下技术联盟知识共享的风险控制模型。

基于在供给推动下的技术联盟知识共享中，一方面，满足合作发生的前提，需要确保企业 1 的利益不低于其保留收益水平；另一方面，企业 2 为了防止企业 1（代理方）采取机会主义行动，进一步诱使企业 1 以最大的努力吸收企业 2 转移的知识，朝着最大化企业 2 的目标函数而努力。总而言之，其核心约束条件是通过调整 λ 的大小确保企业 1 的确定性等值收入不低于保留收入水平，其最终目标是最大化企业 2 的确定性等值收益，由此可得联立方程组，即风险控制模型：

其中，将 λ 作为公式的自变量，

$$\begin{cases} s.t.\quad (1-\lambda)(a+\gamma b)+\varpi-\frac{1}{2}m_1a^2-\frac{1}{2}\rho_1(1-\lambda)^2\sigma^2=\varphi \\ \qquad a=\frac{1-\lambda}{m_1} \\ \qquad \max\left[\lambda(a+\gamma b)-\frac{1}{2}m_2b^2-\varpi-\frac{1}{2}\rho_2\lambda^2\sigma^2\right] \end{cases}$$

当 $CE_1=\varphi$ 时，满足企业 1 参与技术联盟知识共享的条件，因此，上述等式取等号。

（5）模型求解。

将满足激励相容约束条件的等式以及满足参与约束条件的等式代入目标函数，即企业 2 的最大化确定性等值收入公式，并且对 a，λ，b 求导，得到最大化确定性等值收入所对应的变量关系，化简可得：

$$b^{*}=\frac{\gamma}{m_2} \tag{8-16}$$

$$\lambda^{*}=\frac{\rho_1 m_1\sigma^2}{1+\rho_1 m_1\sigma^2+\rho_2 m_1\sigma^2} \tag{8-17}$$

$$a^{*}=\frac{1+\gamma^3+\rho_2 m_1\sigma^2}{m_1+\rho_1 m_1^2\sigma^2+\rho_2 m_1^2\sigma^2} \tag{8-18}$$

8.3.3 模型变量关系解释

（1）根据变量关系式（8－16），因为 $m_2>0$，$\gamma>0$，由此可得：企业 2 在进行跨国技术联盟知识共享过程中转移的知识价值与企业 1 的相对吸收能力成正比，即企业 1 与企业 2 的重叠知识越多，认知一致性越强，那么企业 2 转移的知识价值就越大；企业 2 转移的知识价值与自身转移成本系数成反比，这就意味着当转移成本越小，企业 2 应投入更大知识价值，从而取得最佳收益。

（2）根据变量关系式（8－17），因为风险控制模型中 λ 作为自变量，因此 λ^{*} 代表的含义是当企业 2 取得最大确定性等值收入时所对应的最佳风险收益系数，与此同时 λ^{*} 也表示当企业 2 取得最大确定性等值收入时企业 2 的收入分成比重。在此基础上，继续对关系式（8－17）分别求导 $\frac{\partial\lambda^{*}}{\partial\rho_1}$、$\frac{\partial\lambda^{*}}{\partial\rho_2}$、$\frac{\partial\lambda^{*}}{\partial m_1}$、$\frac{\partial\lambda^{*}}{\partial\sigma^2}$，由此可得：

$\frac{\partial\lambda^{*}}{\partial\rho_1}=\frac{m_1^2\sigma^4\rho_2+m_1\sigma^2}{m_1^2\sigma^4\rho_2^2+(2\rho_1 m_1^2\sigma^4+2m_1\sigma^2)\rho_2+\rho_1^2 m_1^2\sigma^4+2\rho_1 m_1\sigma^2+1}$，其中 $\rho_1\rho_2$ 作为企业 1 和企业 2 的绝对风险规避系数大于 0，并且 m_1 作为企业 1 的技术成本系数，也大于 0，得到 $\frac{\partial\lambda^{*}}{\partial\rho_1}>0$。因此，说明企业 2 最佳风险收益系数与企业 1 的风险规避系数成正比，即企业 1 越是厌恶风险，企业 2 最佳风险收益系数应越大。原因解释：企业 1 厌恶风险时，企业 2 将通过扩大收入分成将风险转移至自身，从而减少企业 1 的活动风险，激励企业 1 参与到技术联盟知识共享的活动中，最终获取最佳收益。

$\frac{\partial\lambda^{*}}{\partial\rho_2}=-\frac{\rho_1 m_1^2\sigma^4}{m_1^2\sigma^4\rho_2^2+(2\rho_1 m_1^2\sigma^4+2m_1\sigma^2)\rho_2+\rho_1^2 m_1^2\sigma^4+2\rho_1 m_1\sigma^2+1}$，同理，$\rho_1\rho_2$

作为企业 1 和企业 2 的绝对风险规避系数大于 0，并且 m_1 作为企业 1 的成本系数，也大于 0，得到 $\frac{\partial\lambda^*}{\partial\rho_2}<0$。因此，说明企业 2 的最佳风险收益系数与企业 2 的风险规避系数成反比，即企业 2 越是厌恶风险，企业 1 的最佳风险收益系数越小，同时企业 2 在最终收入中分成比例也越小。原因解释：当企业 2 厌恶风险时，将会通过扩大企业 1 的收入分成，从而将风险转移至企业 1，因此自身的分成占比较小。

$\frac{\partial\lambda^*}{\partial m_1}=\frac{\rho_1\sigma^2}{m_1^2\sigma^4\rho_2^2+(2\rho_1 m_1^2\sigma^4+2m_1\sigma^2)\rho_2+\rho_1^2 m_1^2\sigma^4+2\rho_1 m_1\sigma^2+1}$，同理，$\rho_1\rho_2$ 作为企业 1 和企业 2 的绝对风险规避系数大于 0，并且 m_1 作为企业 1 的技术成本系数，也大于 0，得到 $\frac{\partial\lambda^*}{\partial m_1}>0$。因此，说明企业 2 的最佳风险收益系数与企业 1 技术成本系数成正比，即企业 1 技术投入水平越高，企业 2 的最佳风险收益系数越大，企业 2 所的分成占比越大。原因解释：但企业 1 技术投入水平越高时，一方面意味着企业 1 需要投入更多的精力成本，基于企业 1 为风险规避型企业，参与知识共享的积极性将会降低，并将风险转移至企业 2。

$\frac{\partial\lambda^*}{\partial\sigma^2}=\frac{\rho_1 m_1}{m_1^2\sigma^4\rho_2^2+(2\rho_1 m_1^2\sigma^4+2m_1\sigma^2)\rho_2+\rho_1^2 m_1^2\sigma^4+2\rho_1 m_1\sigma^2+1}$，同理，$\rho_1\rho_2$ 作为企业 1 和企业 2 的绝对风险规避系数大于 0；m_1 作为企业 1 的技术成本系数大于 0；得到 $\frac{\partial\lambda^*}{\partial\sigma^2}>0$。因此，说明企业 2 的最佳风险收益系数与不确定因素成反比，即外部不确定因素越多，企业 1 的最佳风险收益系数越大，企业 2 的分成占比越大。原因解释：当外部不确定性因素多时，则意味着跨国技术联盟知识共享的风险越大，作为代理方的企业 1 必然会逃避这一部分风险，因此只有企业 2 主动承担起这一部分风险，才能激励企业 1 积极地参与到技术联盟知识共享中。

（3）根据变量关系式（8－18），a^* 代表的含义是当企业 2 取得最大确定性等值收入时所对应的企业 1 投入技术联盟中的技术水平，在此基础上，继续对关系式（8－18）分别求导 $\frac{\partial a^*}{\partial\rho_1}$、$\frac{\partial a^*}{\partial\rho_2}$、$\frac{\partial a^*}{\partial m_1}$、$\frac{\partial a^*}{\partial\sigma^2}$，由此可得：

$\frac{\partial a^*}{\partial\rho_1}=-\frac{\rho_2 m_1\sigma^4+\sigma^2}{m_1\sigma^4\rho_1^2+(2\rho_2 m_1^2\sigma^4+2m_1\sigma^2)\rho_1+\rho_2^2 m_1^3\sigma^4+2\rho_2 m_1^2\sigma^2+m_1}$，其中

$\rho_1\rho_2$ 作为企业 1 和企业 2 的绝对风险规避系数大于 0；m_1 作为企业 1 的技术成本系数也大于 0；得到$\frac{\partial a^*}{\partial \rho_1}>0$。因此，说明企业 1 技术投入水平与其风险规避系数成反比，即企业 1 越是厌恶风险，那么技术投入水平就越低。原因解释：在技术联盟过程中，代理方的企业 1 作为一个风险规避型企业，将试图将风险转移至代理方企业 2，减少投入成本从而降低风险。

$$\frac{\partial a^*}{\partial \rho_2}=\frac{\sigma^4\rho_1}{m_1\sigma^4\rho_1^2+(2\rho_2m_1^2\sigma^4+2m_1\sigma^2)\rho_1+\rho_2^2m_1^3\sigma^4+2\rho_2m_1^2\sigma^2+m_1}$$，其中 $\rho_1\rho_2$ 作为企业 1 和企业 2 的绝对风险规避系数大于 0；m_1 作为企业 1 的成本系数也大于 0，得到$\frac{\partial a^*}{\partial \rho_2}>0$。因此，说明企业 1 技术投入水平与其企业 2 的绝对风险规避系数成正比，即企业 2 越是厌恶风险，那么企业 1 技术投入水平就应越大。原因解释：在技术联盟中，当企业 2 是一个风险规避型企业时，就会将风险转移给企业 1，同时给予企业 1 更大的分成比例。为了取得更高的收益，所以企业 1 应提高技术联盟活动中的技术水平。

$$\frac{\partial a^*}{\partial m_1}=-\frac{\sigma^2\rho_1+\rho_2^2m_1^2\sigma^4+2\rho_2m_1\sigma^2+1}{m_1\sigma^4\rho_1^2+(2\rho_2m_1^2\sigma^4+2m_1\sigma^2)\rho_1+\rho_2^2m_1^3\sigma^4+2\rho_2m_1^2\sigma^2+m_1}$$，其中 $\rho_1\rho_2$ 作为企业 1 和企业 2 的绝对风险规避系数大于 0；m_1 作为企业 1 的技术成本系数也大于 0，得到$\frac{\partial a^*}{\partial m_1}<0$。因此，说明企业 1 技术投入水平与其技术成本系数成反比，即企业 1 技术成本系数越大，其技术投入水平越小。原因解释：技术成本越大，意味着知识吸收的难度就越大，因此企业 1 选择降低技术投入水平，从而降低交易成本。

$$\frac{\partial a^*}{\partial \sigma^2}=-\frac{\rho_1}{m_1\sigma^4\rho_1^2+(2\rho_2m_1^2\sigma^4+2m_1\sigma^2)\rho_1+\rho_2^2m_1^3\sigma^4+2\rho_2m_1^2\sigma^2+m_1}$$，其中 $\rho_1\rho_2$ 作为企业 1 和企业 2 的绝对风险规避系数大于 0；m_1 作为企业 1 的技术成本系数也大于 0，得到$\frac{\partial a^*}{\partial \sigma^2}<0$。因此，说明企业 1 技术投入水平与技术联盟活动的不确定性成反比，即当外部不确定性越大，企业 1 技术投入水平就越小。原因解释：当外部不可控的风险越多时，作为代理方的企业 1 就会更倾向于通过降低投入成本，从而降低外部因素带来的风险。

基于（1）（2）（3）的分析，在求解收益最大化的过程中，分析得到各因素在跨国技术联盟背景下对最终收益的影响，总结如下：

第一，确定性等值收入的最佳风险收益系数，即企业 2（委托方、知识转移方）的收益分成比例随着企业 1（代理方、知识接收方）的风险规避系数、技术成本系数的增大而增大，随着企业 2 的风险规避系数以及外部因素的不确定性的增大而减小。

第二，企业 1 技术投入水平随着企业 2 的绝对风险规避系数的增大而增大，随着自身的风险规避系数、技术成本系数以及外部不确定性的增大而减小。

8.4 风险控制模型差异比较

由式（8－8）与式（8－17）得到，在需求拉动的情况下：$\lambda^* = \frac{\alpha^2\beta^2+\rho_1 m_2\sigma^2}{\alpha^2\beta^2+\rho_1 m_2\sigma^2+\rho_2 m_2\sigma^2}$，根据模型推导的结果，将企业 1 的知识吸收能力 α 与企业 2 的知识转移能力 β 整合为相对吸收能力指标 γ，因此公式简化为：$\lambda_d^* = \frac{\gamma^2+\rho_1 m_2\sigma^2}{\gamma^2+\rho_1 m_2\sigma^2+\rho_2 m_2\sigma^2}$；在供给推动的情况下：$\lambda_s^* = \frac{\rho_1 m_1\sigma^2}{1+\rho_1 m_1\sigma^2+\rho_2 m_1\sigma^2}$，假设两模型中的因子都相同，可得到：

$$\begin{aligned}\Delta\lambda = \lambda_d^* - \lambda_s^* &= \frac{\gamma^2+\rho_1 m_2\sigma^2}{\gamma^2+\rho_1 m_2\sigma^2+\rho_2 m_2\sigma^2} - \frac{\rho_1 m_1\sigma^2}{1+\rho_1 m_1\sigma^2+\rho_2 m_1\sigma^2} \\ &= \frac{\gamma^2+\gamma^2\rho_2 m_1\sigma^2+\rho_1 m_2\sigma^2}{(\gamma^2+\rho_1 m_2\sigma^2+\rho_2 m_2\sigma^2)(1+\rho_1 m_1\sigma^2+\rho_2 m_1\sigma^2)}\end{aligned} \tag{8-19}$$

其中 $\rho_1\rho_2$ 作为企业 1 和企业 2 的绝对风险规避系数大于 0；$m_1 m_2$ 作为企业 1 的技术成本系数和企业 2 的知识转移成本，均大于 0，由此可得，$\Delta\lambda > 0$。

因此，得出

结论 1：在获取最佳收益的情况下，相比于供给推动型技术联盟知识共享中的企业 2（委托方，知识转移方），需求拉动型中企业 2（代理方，知识转移方）的最佳风险收益系数更大，即分配得到的分成占比更大，因此承担的风险更大。

此外，若企业 1 企业 2 都不属于风险规避型企业，处于风险中性，即 ρ_1 和 ρ_2 均为 0，由此得到 $\Delta\lambda = 1$，得出结论 2：说明当企业 1 和企业 2 都是风险中立者时，无论需求拉动型技术联盟知识共享还是供给推动型知识共享，代理方将承担起所有的风险。

由式（8－7）和式（8－18）得到，在需求拉动的情况下，$a_d^*=\frac{1}{m_1}$，在供给推动的情况下：$a_s^*=\frac{1+\gamma^3+\rho_2 m_1\sigma^2}{m_1+\rho_1 m_1^2\sigma^2+\rho_2 m_1^2\sigma^2}$，假设两模型中的因子都相同，可得到：

$$\Delta a=a_d^*-a_s^*=\frac{\rho_1 m_1\sigma^2-\gamma^3}{m_1+\rho_1 m_1^2\sigma^2+\rho_2 m_1^2\sigma^2} \tag{8－20}$$

其中 $\rho_1\rho_2$ 作为企业 1 和企业 2 的绝对风险规避系数大于 0；m_1m_2 作为企业 1 的技术成本系数和企业 2 的知识转移成本，均大于 0；γ 作为相对吸收能力也大于 0，由此可得：

结论 3：相比于供给推动型技术联盟知识共享中企业 1（代理方，知识接收方）技术投入水平，需求拉动型技术联盟知识共享中的企业 1（委托方，知识接收方）技术投入水平更高一些。

此外，若企业 1 企业 2 都不属于风险规避型企业，偏好中性风险，即 ρ_1 和 ρ_2 均为 0，由此得到 $\Delta a=\frac{\gamma^3}{m_1}<0$，（$1>\gamma>0$）得出 Δa 趋近于 0，

结论 4：当企业 1 和企业 2 都是风险中立者时，企业 1 在供给推动型与需求拉动型下的知识共享技术投入水平几乎一样。

由式（8－9）和式（8－16）得到，在需求拉动的情况下，$b^*=\frac{\alpha^3\beta^3+\rho_1 m_2\sigma^2\alpha\beta}{\alpha^2\beta^2 m_2+\rho_1 m_2^2\sigma^2+\rho_2 m_2^2\sigma^2}$，根据模型推导的结果，将企业 1 的知识吸收能力 α 与企业 2 的知识转移能力 β 整合为相对吸收能力指标 γ，因此公式简化为 $b_d^*=\frac{\gamma^3+\rho_1 m_2\sigma^2\gamma}{\gamma^2 m_2+\rho_1 m_2^2\sigma^2+\rho_2 m_2^2\sigma^2}$；在供给推动的情况下：$b_s^*=\frac{\gamma}{m_2}$，假设两模型中的因子都相同，可得到：

$$\Delta b=b_d^*-b_s^*=\frac{-\rho_2 m_2\sigma^2\gamma}{\gamma^2 m_2+\rho_1 m_2^2\sigma^2+\rho_2 m_2^2\sigma^2} \tag{8－21}$$

其中 $\rho_1\rho_2$ 作为企业 1 和企业 2 的绝对风险规避系数大于 0；m_1m_2 作为企业 1 的技术成本系数和企业 2 的知识转移成本，均大于 0；γ 作为相对吸收能力也大于 0，由此可得：

结论 5：相比于供给推动型技术联盟知识共享中企业 2（委托方，知识转

移方）的知识价值投入量，需求拉动型技术联盟知识共享中的企业 2（代理方，知识转移方）的知识价值投入量更低一些。

此外，若企业 1 企业 2 都不属于风险规避型企业，处于风险中性，即 ρ_1 和 ρ_2 均为 0，由此得到 $\Delta b = 0$，得出

结论 6：说明当企业 1 和企业 2 都是风险中立者时，企业 2 在供求推动型和需求型技术联盟知识共享中投入的知识价值量一样高。

8.5 风险控制模型启示

基于跨国技术联盟背景，分别在需求拉动和供给推动条件下建立了知识共享的风险控制模型，探究一系列因素（风险倾向、认知一致性、知识转移成本以及外部不确定性因素）对最佳风险收益系数、知识转移价值量以及技术投入水平的作用机理；在此基础上对两个模型进行交叉分析，对比不同条件下风险的承担者、接收方技术投入水平高低以及转移方转移的知识价值量大小。其中的关系如图 8－3 所示。

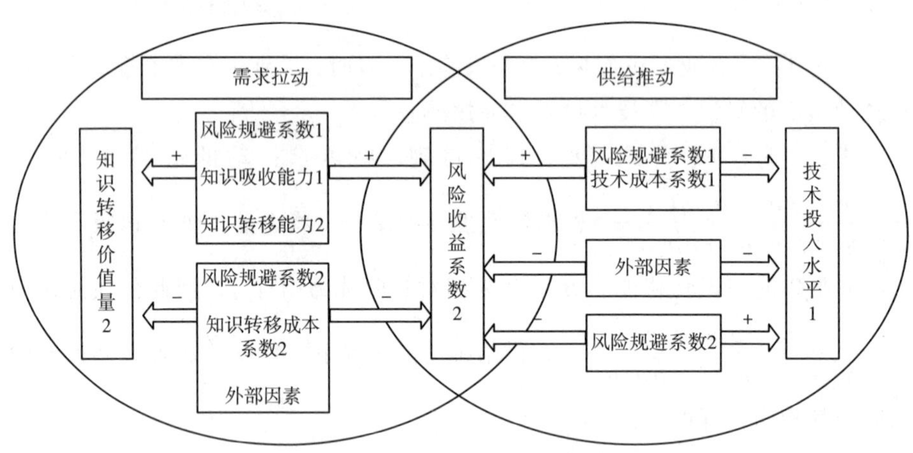

图 8－3 风险控制模型推导结果

通过第 3 章的风险分析可以发现，影响跨国技术联盟知识共享的因素包括企业以及知识的实体因素、企业间的关系因素以及外部环境因素。其中有些因素的存在不可更改，而有些因素可以通过采取对应的措施加以调节：知识的特殊性质、企业的学习能力、企业双方的文化背景以及活动所处的社会

环境等因素难以被控制并做出改变，但同时通过模型的分析发现，这些因素又直接影响跨国技术联盟知识共享合作的效益，例如在需求拉动的跨国技术联盟知识共享活动中，企业的知识转移或吸收能力对最佳风险收益系数的影响是正向推动的，也就是说企业的知识转移或吸收能力越强，跨国技术联盟知识共享产生的效益越大；如图 8－3 所示，知识转移的数量以及技术投入水平也影响着跨国技术联盟知识共享的结果，同时这些行为随着企业的决策发生变化，因此可以通过调节企业行为达到影响知识共享效益的目的。

基于此，针对短时间内无法更改的因素，可以在开展跨国技术联盟知识共享之前，通过改变合作伙伴、合作内容、合作方式提升双方企业的匹配度，从而弱化不可更改因素带来的风险。由此得到以下两点启示：

（1）企业匹配度的测算。

在需求拉动的跨国技术联盟知识共享过程中，企业的知识转移能力以及吸收能力关系着联盟活动的风险大小。除此之外，国别与企业的文化差异也会间接影响企业对知识的理解与学习。由此可得，为了降低跨国技术联盟知识共享的风险，企业在寻找合作伙伴之前应积极做好合作企业及其所在国别的调研活动，建立起完善的企业评价体系，包括知识重叠、文化差异、学习能力等。通过前期的调研寻找到最合适的合作伙伴，从而降低联盟知识共享收益的不确定性。

（2）合作主动权的掌控。

通过风险控制模型差异比较中的结论 1 和结论 2，可以发现取得最佳收益时，当双方企业趋向回避风险时，代理方企业承担的风险高于委托方企业。当双方企业均为风险中性型时，那么代理方企业将承担所有的风险。由此可得，企业在跨国技术联盟知识共享中应尽量把握活动的主动权，从而降低企业自身在活动中的风险，并将风险控制在一定范围内。

针对合作过程中可以调控的因素，可以在跨国技术联盟知识共享的过程中调节风险收益系数，同时重点控制企业的投入以达到将损失值降至最低的目的。由此得到以下三点启示：

（1）风险收益比的确定。

在跨国技术联盟知识共享的风险控制模型中，当联盟活动取得最佳收益时，求得对应的风险收益系数表达式。即当风险收益系数的值等于该表达式计算的值时，该活动取得最大收益。因此，在企业双方制定合同中的分成比例（风险收益系数）时，需要通过该公式进行预估，从而使跨国技术联盟知识共享活动顺利开展并取得最佳收益。

（2）技术投入水平的评估。

同样地，当跨国技术联盟知识共享取得最大效益时，求得对应的技术投入水平表达式。但是在需求拉动的模型中，技术投入水平只受到企业技术成本系数的影响，而在供给推动的模型中，技术投入水平取决于更多因素的综合作用。因此，企业进行技术投入水平的决策时，首先应考虑自身在联盟活动的角色，其次根据对应的表达式测算技术投入水平。

（3）知识转移价值量的评估。

同理，当跨国技术联盟知识共享取得最大效益时，求得对应的知识转移价值量表达式。但是在供给推动的模型中，知识转移价值量只受到知识转移成本系数的影响，而在需求拉动的模型中，知识转移价值量取决于更多因素的综合作用。因此，企业进行技术投入水平的决策时，首先应考虑自身在联盟活动的角色，其次根据对应的表达式测算知识转移价值量。

除此之外，根据风险控制模型差异比较中的结论 4 以及结论 6，当双方企业的风险爱好偏中性时，企业在跨国技术联盟知识共享活动中的技术投入水平更高，同时投入的知识价值量更高。由此得到以下启示：虽然企业信任这一因素不能对活动效益产生直接的影响，但是在跨国技术联盟中，合作企业之间的信任会影响企业的风险倾向性。基于对企业中性风险的假设，相比与企业倾向风险回避型时，企业选择中性风险会降低不确定性因素对跨国技术联盟活动的影响。因此，当合作企业间建立互相信任的长期合作关系时，双方企业才能放弃机会主义行为，有效地降低投机行为带来的风险。

第9章　基于生命周期理论的风险控制策略研究

根据前两章的分析可以发现，在跨国技术联盟背景下，知识共享的风险影响因素不仅包括可调控因素，同时也存在不可调控因素。针对不可调控因素，采取合作前择优选择以降低风险；针对可调控因素，采取合作过程中监督和协调以控制风险。由此可知，对于不同阶段的风险应该采取不一样的风险控制策略。

生命周期理论起源于是产品生命周期理论，由美国经济学家雷蒙德·弗农于 1966 年提出。他认为产品具有类似生物的生命周期，会经历萌芽期、生长期、成熟期、衰亡期等阶段。随着跨学科领域的不断更迭，生命周期理论被广泛引入并应用于经管类的研究。结合生命周期理论，跨国技术联盟知识共享活动的流程也可以划分为以下四个部分：联盟组建、联盟运行、技术投入与利益分配、联盟解体。其中，联盟组建包括跨国技术联盟模式的选择、合作伙伴的评价以及契约的制定等；联盟运行包括合作企业间的交流以及第三方监管；技术投入与利益分配是活动的核心组成部分，单独分作为流程的一部分，其中包括风险收益比值、技术投入水平、知识价值转移量的确定；联盟解体主要是信任的提升及退出成本的核算。依据活动流程，本文将跨国技术联盟知识共享的风险控制策略分为联盟组建阶段的风险控制、联盟运行阶段的风险控制、技术投入与利益分配阶段的风险控制、联盟解体阶段的风险控制四大阶段并将对其一一阐述，如图 9 - 1 所示。

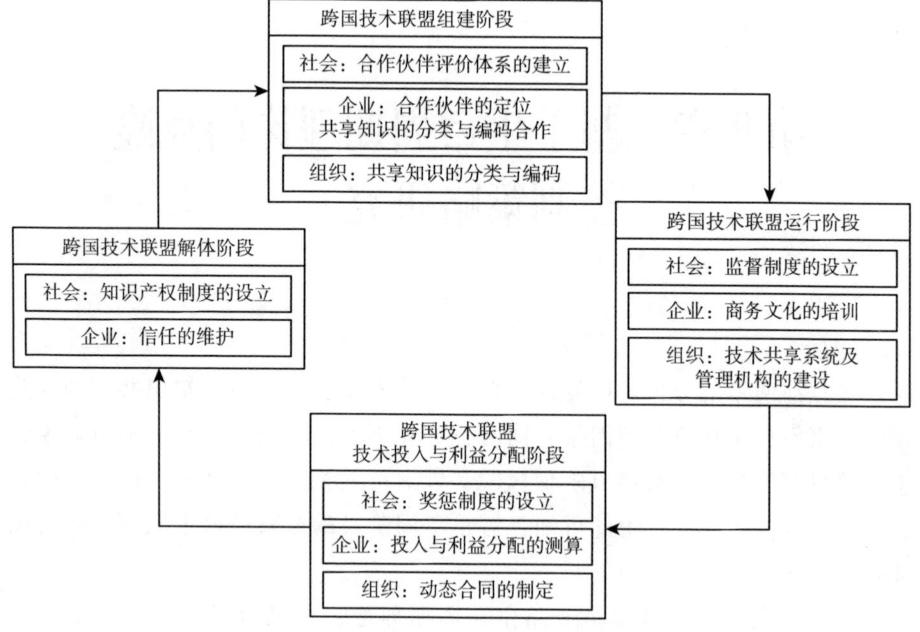

图 9-1 跨国技术联盟风险控制流程图

9.1 跨国技术联盟组建阶段的风险控制

跨国技术联盟组建阶段是建立合作关系、明确关系动机的阶段。首先需要定位跨国技术联盟的合作伙伴；其次选择跨国技术联盟合作模式；最后明确跨国技术联盟知识共享的转移形式。

9.1.1 合作伙伴评价体系的建立及合作伙伴的定位

在定位跨国技术联盟的合作伙伴之前，需要社会与企业共同建立起一套完善的评价体系为合作伙伴的选择提供依据。结合社会上国际信用评级机构的共享信息建立起国际通用的信用评价体系，全面考核国外企业的经营成效、财务状况、偿债能力等，帮助国内企业了解合作企业的信用状况，有利于跨国技术联盟知识共享中道德风险与信用风险的规避。

根据国外跨国公司联盟成功的经验，联盟的成功很大程度上取决于合作伙伴在三个领域的相容性：战略目标相容性、资源相容性和文化相容性。因此企业内部的评级体系指标应该包括以下三个部分：民族文化包容度、资源结构、企业文化包容度以及风险爱好。民族文化影响下的企业价值观关系到企业战略目标的匹配度，因此需要考量民族文化的差异性；技术联盟的目的在于优势互补，因此企业在选择合作伙伴时应考虑资源的互补性；根据需求拉动下风险模型的分析结果，认知一致性与知识重叠性共同决定了跨国技术联盟中知识的相对吸收能力，其中企业文化影响双方工作人员的认知，因此企业文化间接关系到企业在跨国技术联盟中知识的相对吸收能力；根据风险模型对比结果，发现与风险规避型企业间的合作相比。持风险中立的企业合作产生的效益更大，因此在合作伙伴的选择上应倾向于有一定风险承受能力的企业。

9.1.2　合作模式的选择

在跨国技术联盟知识共享风险影响因素分析中，知识共享模式分为三类：主动互换式、主动转移式以及被动转移式。通过模型检验，发现无论是风险规避型企业还是风险中立型企业，在跨国技术联盟知识共享活动中最大的风险承担者都是代理方。因此在开展跨国技术联盟时，国内企业应积极地乙委托方的身份与其他企业开展合作，占据主动优势，而不是被动地接受国外企业发出的联盟邀请，通过风险转移的方式降低企业自身风险。

9.1.3　共享知识的分类与编码

企业在确定合作伙伴以及合作模式之后，需进一步明确合作内容以及传递形式。针对合作伙伴的技术水平以及双方的相对吸收能力（重叠知识、认知一致性），确定共享知识的范围并对知识内容进行归类，同时评估知识溢出风险的大小；在双方共同认知能力范围内，运用恰当的语言、图表等形式对知识编码，使知识以具象的形式外化，并形成一个通俗易懂的知识传递系统，降低知识转移时的交流难度。

9.2　跨国技术联盟运行阶段的风险控制

跨国技术联盟运行阶段是维持合作关系、转移知识、规避机会主义行为的阶段。首先为了维持良好的合作关系企业需要对员工开展商务文化培训；其次为了促进知识转移需要双方企业建立起技术交流平台以及联盟活动的管理组织；最后为了规避机会主义行为需要建立相应的公共监督机制。

9.2.1　商务文化的培训

维持双方企业间的良好合作关系的关键就在于双方合作人员间的融洽相处与交流。基于跨国背景，企业需要定期开展一系列的商务文化培训活动，针对前期双方交流过程中的冲突与差异，寻找妥善的解决方式，从而逐步缩减文化差异带来的风险。

9.2.2　技术共享系统及管理机构的建设

技术共享系统的建设是为了更好地为知识转移服务。跨国技术联盟知识共享中的核心部分是知识转移，因此在知识分类与编码之后，需要符合组织特征的与人性化的工具与平台协助开展知识转移活动。组织应该建立起响应信息时代的各类电子数据库，方便双方企业间的信息交流与共享，达到技术创新的目的。

管理机构的建设是为了组织的正常运行以及人员的融洽合作。组织的正常运行需要组织增加双方企业共同培训和开会的次数，负责人起到带头作用，定期会面总结阶段性工作成果，深入分析目前存在的问题与障碍的同时明确责任，并对进一步规划未来组织的发展策略与方向。人员的融洽合作要求组织依靠建立的第三方监管机构应对企业人才聚集冲突事项，促进双方积极交流沟通，及时化解矛盾。

9.2.3　监督制度的设立

为了减少跨国技术联盟企业合作过程中的败德行为，需要社会建立起与信誉机制相对应的监督机制。社会上国际信用监督网 WCO 采用 ICE8000 国际信用标准记录企业不良信用，直接制约了国内外企业的欺诈、违约、退出等不良投机行为的出现。不良记录会影响企业的信誉评价和后期企业合作，因此从企业的长远利益出发，企业会放弃或减少败德行为。

虽然针对跨国联盟的社会监督机制已经建立，但是由于国内知识产权保护法律和法规的不完善，针对技术专利方面的监督管理仍然需要进一步改进。明确专利的所有权与使用权是防止跨国技术联盟技术外溢的最基本保障之一，因此需要建立更多的辅助监督机构，例如技术联盟协会或专门的技术仲裁机构等。

9.3　跨国技术联盟投入与利益分配阶段的风险控制

跨国技术联盟投入与利益分配阶段是关系到双方企业切身利益的阶段。首先需要测算跨国技术联盟中企业各自的技术投入以及利益分配；其次制定动态合同，根据前期合作情况调整合同中相应条款；最后设立与信用评价和监督相对应的奖惩机制。

9.3.1　投入与利益分配的测算

在这个阶段，企业的重心就在于投入的价值量与利益分配占比的问题。通过第八章的模型推导，得到技术接收方的技术投入水平在需求拉动的模型中，技术投入水平只受到企业技术成本系数的影响，而在供给推动的模型中，技术投入水平取决于更多因素的综合作用。因此，企业进行技术投入水平的决策时，首先应考虑自身在联盟活动的角色，其次根据模型中对应的表达式测算技术投入水平；最后，技术转移方的知识转移价值量在供给推动的模型中，知识转移价值量只受到知识转移成本系数的影响，而在需求拉动的模型中，知识转移价值量取决于更多因素的综合作用。因此，企业进行技术投入水平的决策时，首先应考虑自身在联盟活动的角色，其次根据对应的表达式测算知识转移价值量。

9.3.2 动态合同的制定

为了避免合作过程中出现一次性合同所带来的风险，企业在跨国技术联盟过程中应制定动态合同，根据前期技术联盟的效果进一步调整利益分配占比以及双方企业的技术投入水平及价值，进而激励双方企业积极地解决问题并降低合作过程中出现的风险，后期创造更大的产出价值。

9.3.3 奖惩制度的设立

除了信用评价体系与监督制度的设立以外，社会政府还需要对跨国技术联盟过程中出现败德行为的企业实施惩罚措施，相反，对另一方守信的企业实施奖励措施。奖惩措施具体可以体现在企业国际信用的评分以及物质奖励上。

9.4 跨国技术联盟解体阶段的风险控制

跨国技术联盟解体阶段是合作结束后的收尾阶段。首先需要进一步维护跨国技术联盟的合作伙伴之间的信任以建立长期的合作；其次明确产出成果的所有权以及使用权问题。

9.4.1 信任的维护

跨国技术联盟解体有两种情形：一是正常合作结束解体；二是一方企业在联盟活动并未结束时违约解体。针对第一种情况，双方企业在解体阶段应做好相应的交接工作，将联盟活动的相关资料整理归档以方便日后查找，并在结束会议上给予对方一定的鼓励并总结合作成果及未来合作的展望。针对第二种情况，应该通过动态合同、监督制度、奖惩制度等方式提高企业的退出成本，从而减少此类企业搭便车情况的出现。无论是正常解体还是中途解体，企业应当维护好自身的信任，为下一次的合作奠定良好的基础。

9.4.2　知识产权制度的设立

跨国技术联盟解体的最后阶段也是技术联盟出成果的阶段，技术的知识产权问题是该阶段的核心问题。目前国内的知识产权制度是法院和行政机关分别实行司法保护、行政保护，司法保护和行政保护机制相互补充并通畅、有效运作，积极、有效地保护企业在一定的期限内对其技术成果享有所有权和使用权的法律制度，但是由于国内目前对与技术知识产权的保护制度仍然不够完善，因此需要根据国外企业的相关要求建立起公认的第三方机构的认定以及评估技术的所有权以及使用权，包括使用年限，以弥补国内知识产权制度的不足。

第10章　结论与展望

跨国技术联盟是企业在跨国环境下面临着知识经济和创新竞争所寻求的有效途径，其是为了实现技术进步和增强企业的核心竞争力。当今世界处于知识竞争和技术竞争的时代，也是信息化的时代，企业通过组建跨国技术联盟的形式进行知识的共享活动，使公司能够以最低的成本获取知识并增强其创新能力。企业利用联盟的灵活组织形式、广泛的合作途径和畅通的信息传播渠道为企业的技术研究和创新提供了更广阔的平台。本书针对跨国技术联盟知识共享需要解决的两大关键问题，即跨国技术联盟的知识共享模式与风险控制，开展了系列研究工作，得到如下结论。

关于跨国技术联盟的知识共享模式研究，本书提出了三种模式，具体如下：

（1）根据跨国技术联盟成员企业所处层次的不同，为跨国技术联盟成员企业提供了同一价值链层次上的知识共享模式和上下游价值链层次上的知识共享模式。当跨国技术联盟成员企业处于同一价值链上时，要注意建立合适的联盟知识共享平台，包括建立跨国技术联盟知识库、跨国技术联盟知识社区等，注意对知识的归纳、整合和应用，才能够有效地实现跨国技术联盟内成员企业之间的知识共享。而当跨国技术联盟成员企业处于上下游价值链层次上时，要注意各个企业对于知识的需求是不同的，如制造商需要从供应商处获得零部件的知识，而供应商需要从销售商处获得关于顾客偏好等知识。因此，有必要对知识进行筛选和整理，通过对知识的识别，获取并应用成员企业所需要的知识，这样能够提高跨国技术联盟内知识共享的效率，提高其联盟成功率。

（2）根据跨国技术联盟成员企业知识共享范围不同，为跨国技术联盟成员企业提供了对称型的知识共享模式和非对称型的知识共享模式。当跨国技术联盟中的企业既进行知识的贡献又进行知识的获取时，表明该企业处在对称型的知识共享模式中，在这种情况下，由于企业之间关系比较复杂，就有必要建立一些制度来激励知识共享活动和约束成员企业的行为，包括建立知识奖惩体系、知识补偿制度、知识晋升制度等，能够有效管理跨国技术联盟成员企业的知识共享活动，并提高联盟成员企业的知识共享意愿。而当在跨国技术联盟中，有某个企业主要对其他企业进行知识的提供，其他企业对知识进行学习时，表明该企业处于非对称型的知识共享模式中。在这种情况下，由于是盟主企业对其他企业进行知识的输出，因此本书建立了一些知识共享的技术模式，包括了显性知识到隐性知识的技术、隐性知识到显性知识的技术、显性知识到显性知识的技术以及隐性知识到隐性知识的技术。具体又包括了知识地图、搜索引擎、知识推送、联机讨论等技术。通过对于技术模式的学习和建立，能够有效提高跨国技术联盟中盟主企业对其他成员企业的知识贡献效果，并促进跨国技术联盟的知识共享活动。

（3）根据跨国技术联盟发展的不同阶段，为组建跨国技术联盟进行知识共享的企业提供了不同阶段的知识共享模式。在跨国技术联盟发展的不同阶段，联盟成员之间的信任关系、联盟的特点、联盟内资源程度等各个方面都是不同的，因而成员企业在跨国技术联盟内进行知识共享活动的侧重点也是不同的。当跨国技术联盟处于形成阶段时，由于联盟成员企业之间的了解还不够，还未形成稳定的信任关系，因此该阶段进行的主要是评估工作，包括对知识需求的评估、知识资产的评估、提供方意愿评估和接受方能力的评估。这些评估工作对是该阶段知识共享活动的重点。当跨国技术联盟处于运作阶段时，联盟成员企业之间主要进行知识的传递和交流，该阶段联盟内知识的转移也是跨国技术联盟知识共享的核心环节。由于知识转移受诸多因素影响，本文在其他学者给出的知识转移要素的基础上给出了信息对称性、知识转移实施过程和知识转移投入三个要素，构建了知识转移的过程模型。当跨国技术联盟处于重构阶段时，联盟成员企业主要进行的工作室对于知识吸收的反馈，对于反馈的结果不同，联盟知识共享活动趋于增加或趋于减少。

关于跨国技术联盟知识共享的风险控制研究，本书研究了三个方面内容，具体如下：

（1）关于风险分析。首先从跨国技术联盟知识共享的关系特性、知识特性以及企业特性三个层面分析了风险的作用机理；其次，依据知识共享的相关特征将跨国技术联盟知识共享的风险分为主体风险、关系风险以及环境风险；最后，在风险分类大框架下，结合跨国技术联盟的具体特征，得到知识共享主体的技术水平差距越大，知识共享主体的知识转移经验越少，跨国技术联盟知识共享的风险越大；此外，知识共享的内容、知识共享的模式、知识共享的合作关系、知识共享的管理机制、民族文化、企业文化等均会影响跨国技术联盟知识共享风险的大小。

（2）关于风险控制。首先根据知识主动转移方的不同供需情况，将跨国技术联盟知识共享类型分为需求拉动型和供给推动型并建立相应的模型，得到跨国技术联盟的风险大小取决于风险收益系数；其次，继续探究各因素对风险收益系数的影响，得到在需求拉动下：最佳风险收益系数随着企业 1（委托方、知识接收方）的风险规避系数、知识吸收能力以及企业 2 的知识转移能力的增大而增大，随着企业 2 的风险规避系数、知识转移成本系数以及外部因素的不确定性的增大而减小。在供求推动下：最佳风险收益系数随着企业 1（代理方、知识接收方）的风险规避系数、技术成本系数的增大而增大，随着企业 2 的风险规避系数以及外部因素的不确定性的增大而减小。除此之外，在获取最佳风险收益的前提下，无论是需求拉动还是供给推动，代理方承担的风险高于委托方。最后，根据模型推导结果，得到技术投入水平、知识转移价值以及风险收益系数对于企业在跨国技术联盟风险的控制中非常重要。

（3）关于风险控制策略。根据模型得出的结论，结合生命周期理论下的联盟组建、联盟运行、技术投入与利益分配、联盟解体的全过程，分阶段地对跨国技术联盟模式的选择、合作伙伴的评价以及共享知识的分类与编码、商务文化的培训、技术共享系统及管理机构的建设、监督制度的设立、投入与利益分配的测算、动态合同的制定、奖惩制度的设立、信任的维护、知识产权制度的设立等进行多方位、全过程风险控制。

本书以跨国技术联盟企业为研究对象，从理论上研究了跨国技术联盟知识共享的模式与风险控制，为后续进一步展开技术联盟知识共享的研究提供了一些理论基础及参考，但本书也存在一定的局限性与不足，主要是研究方法上缺少实证分析，这是因为目前展开跨国技术联盟知识共享管理的企业不多，因而样本数据难以获取，进行实证分析有一定的难度，今后的研究可以尝试开展相关问题的实证研究及多案例研究。

参考文献

[1] 蔡四青，李惠．跨国公司技术战略联盟组织模式选择及其对中国的启示［J］．经济问题探索，2008，29（5）：93－97.

[2] 曹兴，秦耀华．技术联盟知识转移激励模型及其实证［J］．管理科学，2011，25（3）：25－33.

[3] 曹兴，宋娟．技术联盟知识转移影响因素的实证分析［J］．科研管理，2011，32（2）：1－9.

[4] 曹兴，宋娟，张伟，任胜刚．技术联盟网络知识转移影响因素的案例研究［J］．中国软科学，2010，25（4）：62－72＋182.

[5] 曹兴，宋娟．技术联盟网络企业知识转移行为的仿真分析［J］．研究与发展管理，2010，22（5）：23－30.

[6] 曹兴，周密．技术联盟知识转移行为绩效评价研究［J］．湘潭大学学报（哲学社会科学版），2010，34（5）：12－17.

[7] 曾德明，李宝霞，禹献云．跨国战略联盟技术知识流失风险防范体系研究［J］．图书情报工作，2012，56（6）：79－84.

[8] 陈至发．跨国战略联盟企业文化差异分析的一个理论框架［J］．当代财经，2005，26（4）：70－73.

[9] 樊增强．跨国公司技术联盟：动因、效应及启示［J］．中央财经大学学报，2003，23（10）：65－68.

[10] 葛卫华，赵昌平，王方华．中国企业走向跨国联盟的对策与建议［J］．科学学与科学技术管理，2003，24（7）：102－106.

[11] 胡敏华．跨国战略联盟：对现代企业竞争关系一种新的诠释［J］．财贸研究，2003，24（6）：82－85.

[12] 黄幸婷，杨煜．后危机时代战略性新兴产业发展研究—基于核心技术联盟知识创造过程的视角［J］．中国科技论坛，2010，26（8）：36－40＋80.

[13] 戢守峰，张青山，乔芳丽．企业跨国战略联盟及其风险防范［J］．经济理论与经济管理，2003，23（9）：50－55.

[14] 贾殿村，汪波．信息不对称下跨国公司 R&D 联盟的风险防范［J］．科学管理研究，2004，22（1）：58－61.

[15] 李立望．企业技术联盟知识转移的效用研究［D］．江西财经大学，2011.

[16] 李芸，王道勋，万兴．技术联盟中的企业知识获取研究［J］．统计与决策，2011，27（11）：57－60.

[17] 连建新，余迎新，孟祥生，胡宝民．基于知识交互作用的产业技术联盟与创新绩效关系研究［J］．河北工业大学学报，2012，41（2）：105－109.

[18] 龙凤珍．基于知识转移的技术联盟伙伴选择影响因素研究［D］．中南大学，2011.

[19] 刘婷．跨国公司联盟差距与联盟生命周期管理［J］．上海经济研究，2005，22（12）：103－107.

[20] 刘晓煜．复杂因素对技术联盟知识转移作用机理及评价研究［J］．科学管理研究，2018，36（1）：116－120.

[21] 刘云，梁栋国．跨国公司战略技术联盟稳定性的影响因素及评估研究［J］．科学学与科学技术管理，2007，28（4）：5－9.

[22] 卢艳秋，郭美轩，周莹莹．跨国技术联盟知识流动创新模型的建立与验证［J］．情报科学，2014，32（2）：86－92.

[23] 卢艳秋，郭美轩，周莹莹．跨国技术联盟知识整合对合作创新绩效的影响分析［J］．社会科学战线，2014，37（5）：260－262.

[24] 卢艳秋，张公一，刘蔚．约束条件下基于 SHAPLEY 值的合作创新利益分配方法［J］．科技进步与对策，2010，27（20）：6－9.

[25] 卢艳秋，张公一．跨国技术联盟创新网络与合作创新绩效的关系研究［J］．管理学报，2010，7（7）：1021－1026.

[26] 卢艳秋．跨国技术联盟知识流动创新模型的建立与验证［J］．情报科学，2014，32（2）：86－92.

[27] 毛崇峰，周青，禹献云．认知邻近性对技术联盟创新绩效的影响［J］．技术经济，2016，35（7）：12－18.

[28] 潘菁，邓宏波，罗纯．跨国公司在华战略联盟对我国自主创新溢

出效应的实证分析 [J]. 科技进步与对策, 2011, 28 (20): 14 - 18.

[29] 生延超. 技术联盟: 民营企业跨国经营技术创新的最优路径选择 [J]. 经济经纬, 2006, 23 (4): 112 - 115.

[30] 宋娟. 基于复杂性理论的技术联盟知识转移影响因素研究 [D]. 中南大学, 2011.

[31] 宋志红, 李常洪, 李冬梅. 技术联盟网络与知识管理动机的匹配性—基于 1995 - 2011 年索尼公司的案例研究 [J]. 科学学研究, 2013, 31 (1): 104 - 114.

[32] 唐光辉. 跨国公司战略联盟的跨文化风险及对策 [J]. 商业时代, 2006, 25 (11): 93 - 94.

[33] 王京安, 赵顺龙, 胡雁南. 技术联盟内知识产权管理与分配—以江苏省三家联盟为例 [J]. 科学学研究, 2011, 29 (8): 1223 - 1230.

[34] 王硕, 唐小我. 论建立国际研究机构间动态联盟—跨国虚拟研究中心 [J]. 科学管理研究, 2002, 22 (6): 57 - 60.

[35] 王越, 章琰. 技术联盟中知识要素的流动及演化 [J]. 生产力研究, 2018, 23 (11): 31 - 35.

[36] 吴洁, 陈璐, 盛永祥, 车晓静, 施琴芬. 考虑风险的产业技术联盟知识共享演化博弈研究 [J]. 运筹与管理, 2018, 27 (11): 36 - 42.

[37] 吴琨, 熊成扬, 林蓉. 创新驱动背景下知识主导型技术联盟利益分配路径研究 [J]. 科技进步与对策, 2015, 32 (21): 13 - 16.

[38] 吴松强, 周娟娟, 赵顺龙. 知识属性、环境动态性与技术联盟内企业创新绩效 [J]. 科学学研究, 2017, 35 (10): 1594 - 1600.

[39] 吴松强, 周娟娟, 赵顺龙. 知识要素特征对技术联盟内企业创新绩效的影响研究—基于环境动态性的调节作用 [J]. 软科学, 2017, 31 (5): 30 - 42.

[40] 谢健, 周欢怀, 阮爱清. 基于小世界网络的技术联盟成员合作关系研究—以浙江省某海洋产业技术创新联盟为例 [J]. 科技管理研究, 2015, 35 (10): 133 - 137.

[41] 解可军, 郭焱, 郭彬. 谨慎选择跨国战略联盟伙伴与联盟模式 [J]. 商业研究, 2005, 48 (11): 208 - 213.

[42] 谢卫红, 蒋峦, 张招兴, 曾庆洪. 跨国战略联盟中的组织学习与知识构建 [J]. 中国软科学, 2006, 21 (8): 119 - 126.

[43] 徐升华，李立望．面向高技术产业发展的企业技术联盟知识转移效用实证研究［J］．情报杂志，2011，30（5）：108－113.

[44] 徐小三，赵顺龙．知识基础互补性对技术联盟的形成和伙伴选择的影响［J］．科学学与科学技术管理，2010，31（3）：101－106.

[45] 徐小三，赵顺龙．知识视角的技术联盟的形成动因研究［J］．中国科技论坛，2010，26（12）：99－104.

[46] 杨震宁，范黎波，曾丽华．跨国技术战略联盟合作、战略动机与联盟稳定［J］．科学学研究，2015，33（8）：1161－1173.

[47] 杨震宁，李东红，曾丽华．跨国技术战略联盟合作、动机与联盟稳定：跨案例研究［J］．经济管理，2016，38（7）：48－59.

[48] 杨震宁，李东红，赵红．跨国技术战略联盟"跨边界"立体学习模型研究［J］．外国经济与管理，2016，38（11）：83－100.

[49] 杨震宁，赵红，徐偭菁．跨国技术战略联盟风险、合作障碍与稳定—跨案例研究［J］．经济管理，2017，39（8）：60－71.

[50] 叶娇，原毅军，张荣佳．文化差异视角的跨国技术联盟知识转移研究—基于系统动力学的建模与仿真［J］．科学学研究，2012，30（4）：557－563.

[51] 叶娇，原毅军．跨国技术联盟中文化差异与知识转移绩效研究［J］．财经问题研究，2011，33（10）：107－111.

[52] 喻金田，胡春华．技术联盟协同创新的合作伙伴选择研究［J］．科学管理研究，2015，33（1）：13－16.

[53] 张秉福．试析跨国公司战略联盟的新趋势及其对我国企业技术创新的启示［J］．商业研究，2006，49（2）：35－38.

[54] 张公一，卢艳秋．跨国技术联盟合作创新绩效机理研究—基于组织学习的中介效应［J］．求是学刊，2011，38（6）：63－69.

[55] 张红兵，和金生．仿生学视角下技术联盟组织间知识转移机理研究［J］．中国科技论坛，2014，30（1）：52－56.

[56] 张红兵，和金生，张素平．技术联盟组织间知识转移的类生物机制研究［J］．大连理工大学学报（社会科学版），2013，34（4）：66－71.

[57] 张红兵，张素平．技术联盟知识转移有效性影响因素的实证研究［J］．科学学研究，2013，31（7）：1041－1049.

[58] 张家琛．产学研技术联盟伙伴利益分配风险补偿研究［J］．统计

与决策，2013，29（6）：168－170.

［59］张坚．企业技术联盟中知识共享的影响因素分析［J］．企业经济，2008，29（1）：35－37.

［60］张坚，蔡莹，范体军．企业技术联盟中的关系风险及其控制机制研究［J］．科技进步与对策，2006，23（3）：157－159.

［61］张荣佳．技术联盟中的知识转移与技术创新能力积累［J］．当代经济管理，2009，31（12）：26－29.

［62］张睿，于渤．技术联盟组织知识转移影响因素路径检验［J］．科研管理，2009，30（1）：28－37.

［63］张睿，于渤．基于过程视角的技术联盟知识转移模式研究［J］．科技管理研究，2009，29（8）：116－119.

［64］张睿，于渤，赖胜才．技术联盟组织间知识转移动因与类型研究［J］．情报杂志，2010，29（1）：143－146.

［65］张万宽．高新技术领域的产学研技术联盟绩效研究—基于资源依附和交易成本的分析视角［J］．科技进步与对策，2008，25（6）：12－16.

［66］张一弛．技术联盟合作创新的前景知识产权权属分配影响因素研究［D］．南京工业大学，2016.

［67］赵昌平，葛卫华，王方华．跨国公司战略联盟学习管理［J］．经济管理，2003，25（1）：23－26.

［68］赵昌平，葛卫华，王方华．影响跨国公司战略联盟成功的微观因素分析［J］．科学·经济·社会，2003，21（1）：23－26.

［69］赵昌平，凌定成，王方华．跨国股权战略联盟体现金流交互影响的分析［J］．系统工程理论与实践，2004，24（1）：11－18.

［70］赵昌平，张丹，郭新有．影响跨国公司以战略联盟方式进入中国市场的因素分析［J］．科技进步与对策，2001，18（9）：87－88.

［71］赵玢．知识转移对技术联盟企业创新绩效的影响研究［D］．西安科技大学，2015.

［72］赵良杰，宋波．联盟网络结构和技术互依性对双元型技术联盟网络创新绩效的影响［J］．管理学报，2015，12（4）：558－564.

［73］赵顺龙，徐小三．知识管理视角下的技术联盟——一个相对稳定、高效的技术知识转移和创造的“场”［J］．科技进步与对策，2010，27（12）：128－132.

[74] 赵顺龙，张艳君．技术联盟中知识转移网络模型的构建与分析——基于复杂网络理论 [J]. 科技进步与对策，2010，27 (15)：123-126.

[75] 赵映雪．技术联盟合作伙伴选择对协同创新行为的影响 [J]. 统计与决策，2016，32 (4)：54-56.

[76] 钟书华．技术联盟：类型、效益与成本分析 [J]. 科学学与科学技术管理，1998，19 (8)：25-27.

[77] 钟书华．企业技术联盟的理论透视 [J]. 华中科技大学学报，2003，11 (5)：88-92.

[78] 周青，张文娟，禹献云．产业技术联盟利益分配方式与成员创新绩效的关联研究 [J]. 研究与发展管理，2015，27 (6)：49-56.

[79] Abou-Zeid, El-Sayed. A culturally aware model of inter-organizational knowledge transfer [J]. Knowledge Management Research & Practice, 2005, 3 (3): 146-155.

[80] Africa A. Measures of strategic alliance performance: An analysis of construct validity [J]. Journal of International Business Studies, 2003, 34 (1): 66-79.

[81] Ahlstrom D, Levitas E, Hitt M A, et al. The three faces of China: Strategic alliance partner selection in three ethnic Chinese economies [J]. Journal of World Business, 2014, 49 (4): 572-585.

[82] Ardichvili A, Page V, Wentling T. Motivation and barriers to participation in virtual knowledge-sharing communities of practice [J]. Journal of Knowledge Management, 2003, 7 (1): 64-77.

[83] Argote L, Ingram P. Knowledge transfer: A basis for competitive advantage in firms [J]. Organizational behavior & human decision processes, 2000, 82 (1): 150-169.

[84] Awazu Y. Managing technology alliances: The case for knowledge management [J]. International Journal of Information Management, 2006, 26 (6): 484-493.

[85] Bartlett C A, Ghoshal S. Managing across borders: New organizational responses [J]. Sloan management review, 1987, 29 (1): 43-53.

[86] Bammer G. Strengthening community operational research through exchange of tools and strategic alliances [J]. European Journal of Operational Re-

search, 2018, 268 (3): 1168 - 1177.

[87] Bartol K M, Srivastava A. Encouraging knowledge sharing: The role of organizational reward systems [J]. Journal of Leadership & Organizational Studies, 2002, 9 (1): 64 - 76.

[88] Becerra M, Lunnan R, Huemer L. Trustworthiness, risk, and the transfer of tacit and explicit knowledge between alliance partners [J]. Social Science Electronic Publishing, 2010, 45 (4): 691 - 713.

[89] Belderbos R, Jacob J, Lokshin B. Corporate venture capital (CVC) investments and technological performance: Geographic diversity and the interplay with technology alliances [J]. Journal of Business Venturing, 2018, 33 (1): 20 - 34.

[90] Christoffersen J, Plenborg T, Robson M J. Measures of strategic alliance performance, classified and assessed [J]. International Business Review, 2014, 23 (3): 479 - 489.

[91] Contractor F J, Woodley J A. The influence of asymmetric bargaining power, mutual hostages and task characteristics on the governance structure of cross - border technology alliances [J]. International Journal of Technology Management, 2009, 48 (3): 403 - 422.

[92] Contractor F J, Woodley J A. How the alliance pie is split: Value appropriation by each partner in cross - border technology transfer alliances [J]. Journal of World Business, 2015, 50 (3): 535 - 547.

[93] Cummings J L, Teng B S. Transferring R&D knowledge: the key factors affecting knowledge transfer success [J]. Journal of Engineering and Technology Management, 2003, 20 (1 - 2): 39 - 68.

[94] Daveport. T. H. and Prusak. L. Working Knowledge [M]. Boston MA: Harvard Business School Press, 1998.

[95] De Beule F, Sels A. Do innovative emerging market cross - border acquirers create more shareholder value? Evidence from India [J]. International Business Review, 2016, 25 (2): 604 - 617.

[96] Demirkan S, Demirkan I. Implications of strategic alliances for earnings quality and capital market investors [J]. Journal of Business Research, 2014, 67 (9): 1806 - 1816.

[97] Drejer I, Jorgensen B H. The dynamic creation of knowledge: Analysing public – private collaborations [J]. Technovation, 2005, 25 (2): 80 – 94.

[98] Elia S, Messeni P A, Piscitello L. The impact of cultural diversity on innovation performance of MNC subsidiaries in strategic alliances [J]. Journal of Business Research, 2019, 98 (5): 204 – 213.

[99] Elias, G, Carayannis, et al. Strategic alliances as a source of early – stage seed capital in new technology – based firms [J]. Technovation, 2000, 20 (11): 603 – 615.

[100] Farazi M S, Gopalakrishnan S, Perez – Luño A. Depth and breadth of knowledge and the governance of technology alliances [J]. Journal of Engineering and Technology Management, 2019, 54 (4): 28 – 40.

[101] Foss N J. Networks, capabilities, and competitive advantage [J]. Scandinavian Journal of Management, 2011, 15 (1): 1 – 15.

[102] Garavelli A C, Gorgoglione M, Scozzi B. Managing knowledge transfer by knowledge technologies [J]. Technovation, 2002, 22 (5): 269 – 279.

[103] García – Canal E, Valdés – Llaneza A, Sánchez – Lorda P. Technological flows and choice of joint ventures in technology alliances [J]. Research Policy, 2008, 37 (1): 97 – 114.

[104] Gilbert M, Cordey – Hayes M. Understanding the process of knowledge transfer to achieve successful technological innovation [J]. Technovation, 1996, 16 (6): 301 – 312.

[105] Gomes E, Barnes B R, Mahmood T. A 22 year review of strategic alliance research in the leading management journals [J]. International Business Review, 2016, 25 (1): 15 – 27.

[106] Hagedoorn J, Carayannis E, Alexander J. Strange bedfellows in the personal computer industry: technology alliances between IBM and Apple [J]. Research Policy, 2001, 30 (5): 837 – 849.

[107] Hagedoorn J, Sedaitis J B. Partnerships in transition economies: international strategic technology alliances in Russia [J]. Research Policy, 1998, 27 (2): 177 – 185.

[108] Hamel G. Competition for Competence and Inter – Partner Learning

Within International Strategic Alliances [J]. Strategic Management Journal, 1991, 12 (S1): 83-103.

[109] Hedlund G, Hedlund G, Hedlund G, et al. A model of knowledge management and the N-form Corporation [J]. Strategic Management Journal, 2010, 15 (S2): 73-90.

[110] Ho M H, Wang F. Unpacking knowledge transfer and learning paradoxes in international strategic alliances: Contextual differences matter [J]. International Business Review, 2015, 24 (2): 287-297.

[111] Hohberger J, Almeida P, Parada P. The direction of firm innovation: The contrasting roles of strategic alliances and individual scientific collaborations [J]. Research Policy, 2015, 44 (8): 1473-1487.

[112] Hong J F L, Snell R S, Easterby-Smith M. Cross-cultural influences on organizational learning in MNCS: The case of Japanese companies in China [J]. Journal of International Management, 2006, 12 (4): 408-429.

[113] Jensen R, Szulanski G. Stickiness and the adaptation of organizational practices in cross-border knowledge transfers. Journal of International Business Studies, 2004, 35 (6): 508-523.

[114] Jha A, Kim Y, Gutierrez-Wirsching S. Formation of cross-border corporate strategic alliances: The roles of trust and cultural, institutional, and geographical distances [J]. Journal of Behavioral and Experimental Finance, 2019, 21 (3): 22-38.

[115] Jiang X, Bao Y, Xie Y, et al. Partner trustworthiness, knowledge flow in strategic alliances, and firm competitiveness: A contingency perspective [J]. Journal of Business Research, 2016, 69 (2): 804-814.

[116] Jiang X, Li M, Gao S, et al. Managing knowledge leakage in strategic alliances: The effects of trust and formal contracts [J]. Industrial Marketing Management, 2013, 42 (6): 983-991.

[117] Lechler S, Canzaniello A, Hartmann E. Assessment sharing intra-industry strategic alliances: Effects on sustainable supplier management within multi-tier supply chains [J]. International Journal of Production Economics, 2019, 217 (11): 64-77.

[118] Lee S C, Liang H, Liu C Y. The effects of absorptive capacity,

knowledge sourcing strategy, and alliance forms on firm performance [J]. The Service Industries Journal, 2010, 30 (14): 2421 -2440.

[119] Li L, Jiang F, Pei Y, et al. Entrepreneurial orientation and strategic alliance success: The contingency role of relational factors [J]. Journal of Business Research, 2017, 72 (3): 46 -56.

[120] Li L, Qian G, Qian Z. Do partners in international strategic alliances share resources, costs, and risks? [J]. Journal of Business Research, 2013, 66 (4): 489 -498.

[121] Lin B W, Berg D. Effects of cultural difference on technology transfer projects: an empirical study of Taiwanese manufacturing companies [J]. International Journal of Project Management, 2001, 19 (5): 287 -293.

[122] López - Duarte C, González - Loureiro M, Vidal - Suárez M M, et al. International strategic alliances and national culture: Mapping the field and developing a research agenda [J]. Journal of World Business, 2016, 51 (4): 511 -524.

[123] O'Dwyer M, Gilmore A. Value and alliance capability and the formation of strategic alliances in SMEs: The impact of customer orientation and resource optimization [J]. Journal of Business Research, 2018, 87 (6): 58 -68.

[124] Pérez L, Florin J, Whitelock J. Dancing with elephants: The challenges of managing asymmetric technology alliances [J]. The Journal of High Technology Management Research, 2012, 23 (2): 142 -154.

[125] Martynov A. Sequencing of emphases on technology alliances and internal R&D: The effects of the market cycle [J]. Long Range Planning, 2019, 52 (1): 117 -133.

[126] Mazloomi Khamseh H, Jolly D, Morel L. The effect of learning approaches on the utilization of external knowledge in strategic alliances [J]. Industrial Marketing Management, 2017, 63 (1): 92 -104.

[127] Meyer M, Milgrom P, Roberts J. Organizational prospects, influence costs, and ownership changes [J]. Journal of Economics & Management Strategy, 1992, 1 (1): 9 -35.

[128] Michael R W, Davis K J. Technology and knowledge transfer within outsourcing relationships: The development of a model of inter - organizational in-

novation [J]. Comparative Technology Transfer and Society, 2007, 5 (1): 66 – 96.

[129] Musarra G, Robson M J, Katsikeas C S. The influence of desire for control on monitoring decisions and performance outcomes in strategic alliances [J]. Industrial Marketing Management, 2016, 55 (5): 10 – 21.

[130] Narteh B. Knowledge transfer in developed – developing country inter – firm collaborations: A conceptual framework [J]. Journal of Knowledge Management, 2008, 12 (1): 78 – 91.

[131] Nonaka I, Takeuchi, H. The knowledge – creating company [J]. Harvard Business Review, 1991, 21 (6): 96 – 104.

[132] Nonaka I, Takeuehi H. The Knowledge Creating Company [M]. New York: Oxford University Press, 1995.

[133] Norman P M. Knowledge acquisition, knowledge loss, and satisfaction in high technology alliances [J]. Journal of Business Research, 2004, 57 (6): 610 – 619.

[134] Pollitte W A, Miller J C, Yaprak A. Returns to US firms from strategic alliances in China: A knowledge – based view [J]. Journal of World Business, 2015, 50 (1): 144 – 148.

[135] Robson M J, Katsikeas C S, Schlegelmilch B B, et al. Alliance capabilities, interpartner attributes, and performance outcomes in international strategic alliances [J]. Journal of World Business, 2019, 54 (2): 137 – 153.

[136] Sadowski B, Duysters G. Strategic technology alliance termination: An empirical investigation [J]. Journal of Engineering and Technology Management, 2008, 25 (4): 305 – 320.

[137] Sambasivan M, Siew – Phaik L, Abidin Mohamed Z, et al. Factors influencing strategic alliance outcomes in a manufacturing supply chain: Role of alliance motives, interdependence, asset specificity and relational capital [J]. International Journal of Production Economics, 2013, 141 (1): 339 – 351.

[138] Senge P. Sharing knowledge [J]. Executive Excellence, 1997, 14 (11): 17 – 18.

[139] Shin J, Park M, Ingram R. Market orientation and communication methods in international strategic alliances [J]. Journal of Business Research,

2012, 65 (11): 1606 – 1611.

[140] Subramanian A M, Bo W, Kah – Hin C. The role of knowledge base homogeneity in learning from strategic alliances [J]. Research Policy, 2018, 47 (1): 158 – 168.

[141] Todeva E, Knoke D. Strategic alliances and models of collaboration [J]. Social Science Electronic Publishing, 2009, 43 (1): 123 – 148.

[142] Uzuegbunam, Ikenna. Identity and initial structure in inter – firm alliances: a social identity perspective [J]. Management Decision, 2016, 54 (4): 929 – 945.

[143] Williamson O. The economic intstitutions of capitalism [M]. New York: Free Press, 1985.

[144] Wijnhoven F. Knowledge logistics in business contexts: analyzing and diagnosing knowledge sharing by logistics concepts [J]. knowledge & process management, 1998, 5 (3): 143 – 157.

[145] Vendrell – Herrero F, Gomes E, Bustinza O F, et al. Uncovering the role of cross – border strategic alliances and expertise decision centralization in enhancing product – service innovation in MMNEs [J]. International Business Review, 2018, 27 (4): 814 – 825.

[146] Verspagen B, Duysters G. The small worlds of strategic technology alliances [J]. Technovation, 2004, 24 (7): 563 – 571.

[147] Yakhlef A. Knowledge transfer as the transformation of context [J]. The Journal of High Technology Management Research, 2007, 18 (1): 43 – 57.

[148] Ybarra C E, Turk T A. The evolution of trust in information technology alliances [J]. The Journal of High Technology Management Research, 2009, 20 (1): 62 – 74.

[149] Zhao J, Xi X, Yi S. Resource allocation under a strategic alliance: How a cooperative network with knowledge flow spurs co – evolution [J]. Knowledge – Based Systems, 2015, 89 (11): 497 – 508.